**Mosaik**
bei GOLDMANN

Dr. Gunther Karsten

*in Zusammenarbeit mit*
*Martin Kunz*

# **Erfolgs** gedächtnis

Wie Sie sich Zahlen, Namen, Fakten, Vokabeln einfach besser merken

**Mosaik**
bei GOLDMANN

Der Goldmann Verlag
ist ein Unternehmen der Verlagsgruppe Random House GmbH

4. Auflage

Einbandgestaltung: Heinz Kraxenberger, München
Einbandfoto: A. Omer, München
Bildnachweis: Walter Schels S. 174
Satz: Barbara Rabus, Sonthofen
Druck und Bindung: GGP Media, Pößneck
Printed in Germany
ISBN 3-442-39035-4
www.goldmann-verlag.de

# Inhalt

# Ein Wort zuvor

Im Jahr 1996 war ich tief beeindruckt. Ich erinnere mich noch sehr genau, wie ich gespannt und völlig fasziniert vor dem Fernseher saß – es lief gerade »Wetten, dass ...?« Ein Mann versuchte in nur einer Stunde eine 600-stellige Zahl zu memorieren. Die enorme Größe dieser Zahl wurde dem Publikum dadurch begreiflich gemacht, dass diese 600 Ziffern auf einer Papierlaufrolle aufgeschrieben entlang der Wand des riesigen Studios angebracht war. Man sah an der Reaktion der Zuschauer, dass es ihnen wie mir ging: Sie hielten es für unmöglich, dass ein Mensch imstande sei, eine so immense Datenmenge in einer so kurzen Zeit zu lernen. Nun, trotz dieser Skepsis schaffte es dieser Mann und wurde mit weitem Abstand Wettsieger.

Ich war sehr bewegt und voller Bewunderung für die mentalen Fähigkeiten dieses Mannes. Meine Erklärung war einfach: Er ist ein Genie und hat von der Natur dieses phänomenale Gedächtnis – sicherlich ein »fotografisches Gedächtnis« – geschenkt bekommen. Und wir, die Normalsterblichen, müssen uns damit zufrieden geben, uns mit einem Bruchteil dieser Gehirnleistung mühsam durch Schule, Ausbildung und Beruf zu kämpfen.

Zum Glück wurde ich eines Besseren belehrt. Während der letzten Jahre durfte ich erfahren, dass ich damals irrte. Nicht die Natur in Form des Erbmaterials entscheidet vornehmlich über unsere mentalen Leistungen, sondern vielmehr zwei ganz andere

Faktoren: erstens: die Nutzung effektiver Techniken/Strategien und zweitens: die Durchführung eines adäquaten und regelmäßigen Trainings.

Diese zwei immens wichtigen Faktoren für das Ausbilden von nahezu unglaublichen geistigen (übrigens auch von körperlichen) Fertigkeiten habe ich selbst in den letzten Jahren in mein Leben aufgenommen: Nun bin ich zum Beispiel in der Lage, mir eine 2000-stellige Zahl in nur einer Stunde einzuprägen!

Aber keine Guinness-Weltrekorde sollen hier das Ziel sein. Vielmehr möchte ich Ihnen Merktechniken und Lernmethoden zeigen, damit Sie Ihr geistiges Potenzial besser nutzen und wieder Vertrauen in Ihr Gedächtnis bekommen. Unabhängig vom Alter kann sich dadurch jeder mental enorm verbessern. Das Resultat für Sie: Sie meistern die alltäglichen Gedächtnisaufgaben spielend leicht, bereichern Ihr Leben durch eine lebendigere Mentalkraft und haben mehr Erfolg im Beruf. Und zudem ist diese neue Art des Lernens nicht mühsam, sondern kann viel Spaß machen!

Aber lassen Sie uns nun gemeinsam die Reise durch die fantastischen Möglichkeiten unseres Gehirns beginnen.

Viel Spaß und Erfolg!

München, im Mai 2002
*Dr. Gunther Karsten*

# Ein Gedächtnistest: Bestimmen Sie Ihren GQ!

## Was ist der GQ – der Gedächtnis-Quotient?

Bevor Sie die Geheimnisse des neuen Lernens kennen lernen und Ihre Mentalkräfte durch zahlreiche Gedächtnisübungen verbessert haben, soll ein Eingangs-Gedächtnistest zeigen, auf welchem Niveau Ihre Mental-Power zu Beginn dieses Buches liegt. Durch zehn Tests, die insgesamt etwa eine Stunde für die Bearbeitung in Anspruch nehmen, werden Sie Ihren GQ erfahren. In Anlehnung an den IQ, den Intelligenz-Quotienten, steht der GQ für den Gedächtnis-Quotienten. In der Tat bildet das Gedächtnis, unsere Merkfähigkeit, einen Teilbereich der Intelligenz; und so wird die Gedächtnisleistung auch in fast allen fundierten wissenschaftlichen Tests zur Bestimmung der allgemeinen Intelligenz gemessen und beeinflusst den IQ-Wert entsprechend.

Der vorliegende Test hat dagegen zum Ziel, ausschließlich Ihre Gedächtniskapazität zu messen – Ihren GQ. Somit erfahren Sie am Ende einen den üblichen IQ-Skalen entsprechenden Wert, zum Beispiel 80, 102 oder 155. Außerdem können Sie sehen, wie viele Menschen einen geringeren – oder höheren – GQ haben als Sie. (Auch wenn dieser Test kein wissenschaftlich normierter Test ist, so ist er doch einerseits an Testfragen standardisierter Testbatterien angelehnt und beruht andererseits auf den Erfahrungen, die ich mit Hunderten von Teilnehmern meiner Seminare und Veranstaltungen gesammelt habe.)

Wenn Ihr Wert deutlich unter 100 oder niedriger als Ihr IQ ist (falls Sie ihn kennen), seien Sie nicht enttäuscht; vielleicht waren Sie nicht voll konzentriert oder haben sich zu viel zugemutet – auf jeden Fall werden Ihnen die in diesem Buch dargestellten Gedächtnissysteme enorm weiterhelfen!

Am Ende des Buches finden Sie dann einen zweiten, in gleicher Weise aufgebauten Test, den Sie allerdings erst machen sollten, nachdem Sie das Buch gelesen und »verdaut« haben, das heißt nachdem Sie die speziellen Strategien und Techniken im privaten Leben und im Beruf wo immer möglich erfolgreich eingesetzt haben. Beherzigen Sie diese, so wird sich beim Abschlusstest Ihr GQ im Geniebereich von deutlich über 140 befinden!

Bitte beachten Sie: Der Test besteht aus fünf Aufgaben zu je einer Minute und fünf Aufgaben zu je fünf Minuten. Da es jeweils recht kurze Testzeiten sind und sich natürlich bei mehr Zeit mehr merken lässt, ist die exakte Einhaltung der vorgegebenen Memorierzeiten – und Wiedergabezeiten – unbedingt notwendig, um ein zuverlässiges Ergebnis zu erhalten. Ferner sollten Sie konsequent den Modus der Punktevergabe für jeden Test befolgen; ansonsten bekommen Sie ein wenig aussagekräftiges und verfälschtes Endergebnis!

**Was Sie für den Test benötigen:**

1. Eine Uhr mit Sekundenanzeige und gut ablesbarem Zifferblatt. Um sich das lästige Kontrollieren der Zeit zu ersparen, können Sie sich auch von einer anderen Person helfen lassen, die Ihnen diese Aufgabe abnimmt. Noch geeigneter ist eine Uhr mit Count-Down-Funktion, die auf die vorgeschriebene Zeit eingestellt werden kann und ein Signal gibt, wenn die Zeit abgelaufen ist;
2. einen normalen, gut funktionierenden Stift;
3. ein einmal gefaltetes oder dickeres Papier mit DIN A5-Größe zum Abdecken des eingeprägten Lernstoffs nach Ablauf der Memorierzeit;
4. ein abgeschiedenes Plätzchen, wo Sie für eine Stunde ungestört sind und Ihre Ruhe haben. Haben Sie keine ganze Stunde für den Test zur Verfügung oder werden Sie zwischendurch gestört, können Sie ihn auch in Portionen über mehrere Stunden oder Tage absolvieren;
5. Entspanntheit, Konzentration und die Motivation, mehr über sich zu erfahren.

Sind alle fünf Punkte erfüllt, starten Sie jetzt mit der ersten Aufgabe des Gedächtnistests. Lesen Sie vor jeder Aufgabe die Beschreibung sorgfältig durch, und fangen Sie erst dann an, wenn Ihnen die Aufgabenstellung und die Punktebewertung (!) klar ist.

## Ein Gedächtnistest mit zehn Aufgaben – Wo stehen Sie jetzt?

### TEST 1

### Telefonnummern-Geister

***Memorierzeit: 5 Minuten***

Für diesen Zahlentest haben Sie fünf Minuten Zeit zum Einprägen. Sie bekommen sechs Telefonnummern mit jeweils acht Ziffern. Versuchen Sie aber nicht zu viel – wenn Sie alle 48 Ziffern in fünf Minuten memorieren würden, so entspräche dies zum Beispiel dem Deutschen Rekord auf der Ersten Deutschen Gedächtnismeisterschaft im Jahr 1997. Stellen Sie sich vielleicht vor, dass jede Telefonnummer zu einem freundlichen Geist gehört, bei dem Sie, wenn Sie seine Nummer behalten können und ihn anrufen, einen Wunsch frei haben, und zwar in absteigender Reihenfolge; das heißt, der Geist mit der ersten Telefonnummer erfüllt Ihnen Ihren größten Wunsch, der Geist mit der zweiten Telefonnummer Ihren zweitgrößten Wunsch u.s.w. Lernen Sie lieber nur ein, zwei oder drei Nummern korrekt als vier oder fünf bruchstückhaft oder inkorrekt. Kein Anschluss unter dieser Nummer wäre das Ergebnis. Entsprechend ist auch die Punktebewertung.

**Bewertung:** Für eine vollständig memorierte achtstellige Nummer erhalten Sie vier Punkte. Wenn Sie in einer Telefonnummer nur eine Ziffer falsch oder eine Lücke haben, können Sie sich noch zwei Punkte geben, ansonsten – auch bei einem Zahlendreher – gibt es null Punkte für diese Telefonnummer. Entsprechend sind die anderen Telefonnummern zu bewerten (Maximalpunktzahl: 24).

**START!**

***5 Minuten***

| | | | | | | | | |
|---|---|---|---|---|---|---|---|---|
| *1. Telefonnummer:* | **8** | **1** | **2** | **5** | **0** | **7** | **9** | **6** |
| *2. Telefonnummer:* | **2** | **0** | **6** | **4** | **3** | **6** | **1** | **8** |
| *3. Telefonnummer:* | **6** | **5** | **8** | **7** | **1** | **4** | **6** | **0** |
| *4. Telefonnummer:* | **9** | **2** | **0** | **4** | **7** | **0** | **3** | **5** |
| *5. Telefonnummer:* | **6** | **8** | **1** | **7** | **0** | **8** | **2** | **9** |
| *6. Telefonnummer:* | **1** | **4** | **2** | **9** | **5** | **8** | **0** | **7** |

## Telefonnummern-Geister

***Wiedergabezeit: max. 5 Minuten***

Tragen Sie nun die memorierten achtstelligen Zahlenreihen in die entsprechenden vorgegebenen Telefonnummer-Kästchen ein (nicht spicken!). Kontrollieren Sie dann Ihre Zahlen und geben Sie sich entsprechend den beschriebenen Bewertungsregeln Ihre Punkte.

| | | | | | | | | | Punkte: |
|---|---|---|---|---|---|---|---|---|---|
| *1. Telefonnummer:* | | | | | | | | | ____ |
| *2. Telefonnummer:* | | | | | | | | | ____ |
| *3. Telefonnummer:* | | | | | | | | | ____ |
| *4. Telefonnummer:* | | | | | | | | | ____ |
| *5. Telefonnummer:* | | | | | | | | | ____ |
| *6. Telefonnummer:* | | | | | | | | | ____ |

**Gesamtpunktzahl:** ____

## TEST 2

### Bilder-Sprint

***Memorierzeit: 1 Minute***

Bei dieser Aufgabe haben Sie eine Minute Zeit, sich von 25 Bildern so viele wie möglich einzuprägen, wobei es jedoch *nicht* erforderlich ist, gleichzeitig die Abfolge der Bilder zu memorieren. Nach der einminütigen Einprägephase decken Sie bitte sofort die Abbildungen mit einem Blatt Papier ab, und geben Sie dann aus dem Gedächtnis die Bilder, an die Sie sich noch erinnern, in Form eines entsprechenden Stichworts im Wiedergabebereich der nächsten Seite wieder. Wie gesagt, die Reihenfolge müssen Sie sich nicht einprägen.

**Bewertung:** Für jedes Bild, das Ihnen noch richtig in Erinnerung geblieben war und von Ihnen aufgeschrieben wurde, erhalten Sie einen Punkt (Maximalpunktzahl: 25).

START!

1 Minute

## Bilder-Sprint

***Wiedergabezeit: 2 Minuten***

Mit einem kurzen Stichwort können Sie nun die memorierten Bilder wiedergeben. Vergleichen Sie dann Ihre Begriffe mit den Bildern, und ermitteln Sie entsprechend der obigen Punktebewertung Ihre Gesamtpunkte für diese Disziplin. Minuspunkte für falsche Begriffe gibt es nicht!

| | | | | |
|---|---|---|---|---|
| __________ | __________ | __________ | __________ | __________ |
| __________ | __________ | __________ | __________ | __________ |
| __________ | __________ | __________ | __________ | __________ |
| __________ | __________ | __________ | __________ | __________ |
| __________ | __________ | __________ | __________ | __________ |

**Gesamtpunktzahl:** __________

# TEST 3

## Vokabel-Challenge

***Memorierzeit: 5 Minuten***

In diesem Test werden Ihnen insgesamt 26 erfundene Vokabeln mit jeweils einer deutschen Übersetzung gegeben. Versuchen Sie, sich in fünf Minuten so viele Vokabeln wie möglich einzuprägen. Danach erhalten Sie eine Auflistung dieser 26 Vokabeln in veränderter Reihenfolge, wobei Sie die erfundenen Vokabeln vorgelegt bekommen und lediglich die entsprechende deutsche Übersetzung ergänzen müssen.

**Bewertung:** Für jede richtig zugeordnete Vokabel erhalten Sie einen Punkt (Maximalpunktzahl: 26).

START!

5 Minuten

| | | | |
|---|---|---|---|
| rauschu | lieben | zissiniko | Kühlschrank |
| kajaschava | Stuhl | motho | Zorn |
| mekusmo | Schere | telfige | Kanne |
| lonafischka | Hoffnung | nerhalen | lügen |
| kesseligi | sauer | muckeris | Schuh |
| mundipredo | Brot | klikozep | Klavier |
| frotan | Zahn | fatromen | bauen |
| pleckogula | Spinne | arklam | Pferd |
| kalibo | Papier | roschem | Blume |
| mischken | lachen | belbarnito | Mund |
| konara | Birne | stelon | Kerze |
| etinen | hören | wiloner | Bügeleisen |
| pregal | Pokal | reschala | Brieftasche |

## Vokabel-Challenge

***Wiedergabezeit: 5 Minuten***

Nun versuchen Sie, sich an möglichst viele Vokabeln zu erinnern. Wenn Ihre deutsche Übersetzung dem Wortlaut nach nicht vollständig richtig ist, aber sehr sinnverwandt ist, zum Beispiel Gebüsch statt Busch, so können Sie sich zumindest noch einen halben Punkt statt einen Punkt geben. Zählen Sie am Ende alle Punkte dieser Aufgabe zusammen.

| | | Punkte: |
|---|---|---|
| roschem | ________ | ____ |
| reschala | ________ | ____ |
| etinen | ________ | ____ |
| klikozep | ________ | ____ |
| muckeris | ________ | ____ |
| rauschu | ________ | ____ |
| pregal | ________ | ____ |
| stelon | ________ | ____ |
| motho | ________ | ____ |
| kajaschava | ________ | ____ |
| lonafischka | ________ | ____ |
| kalibo | ________ | ____ |
| telfige | ________ | ____ |

| | | Punkte: |
|---|---|---|
| fatromen | ________ | ____ |
| wiloner | ________ | ____ |
| mekusmo | ________ | ____ |
| belbarnito | ________ | ____ |
| frotan | ________ | ____ |
| mundipredo | ________ | ____ |
| pleckogula | ________ | ____ |
| zissiniko | ________ | ____ |
| kesseligi | ________ | ____ |
| mischken | ________ | ____ |
| konara | ________ | ____ |
| nerhalen | ________ | ____ |
| arklam | ________ | ____ |

**Gesamtpunktzahl:** ____

## TEST 4

### Personen-Sprint

***Memorierzeit: 1 Minute***

Diese Aufgabe kennt jeder aus dem Privatleben und der Berufswelt. Man trifft auf einer Party oder einer Veranstaltung viele neue Menschen, erfährt ihre Namen – und steht später vor der zermürbenden Aufgabe, sich wieder an die Personen und ihre Namen zu erinnern. Nur sehr selten will es einem gelingen. Bei diesem Test sehen Sie zehn Gesichter mit zugehörigem Vor- und Nachnamen. Sie haben eine Minute Zeit, sich alle Namen möglichst auch mit richtiger Schreibweise einzuprägen.

**Bewertung:** In der Wiedergabephase sind wieder alle zehn Gesichter aufgeführt, allerdings in anderer Reihenfolge. Schreiben Sie den korrekten Vornamen und/oder Nachnamen unter jedes Foto. Für jeden richtig zugeordneten Vornamen sowie Nachnamen erhalten Sie einen Punkt. Ist der Name nicht hundertprozentig korrekt wiedergegeben, enthält er aber die Hauptmerkmale des ursprünglichen Namens, so können Sie sich noch einen halben Punkt geben (Maximalpunktzahl: 20 Punkte).

**START!**

**1 Minute**

Anke Klempert

Carsten Zolke

Angelika Ronne

Günther Genueit

Katrin Harrach

Thomas Koop

Grit Sauter

Rolf Pathe

Silke Reese

Udo Wenson

## Personen-Sprint

***Wiedergabezeit: 2 Minuten***

Schreiben Sie nach bestem Wissen die Namen unter die Gesichter. Keine Angst, es sind nur Fotos, keiner wird beleidigt sein können.

**Gesamtpunktzahl:** ____________

## TEST 5

## Termin-Cocktail

***Memorierzeit: 5 Minuten***

Bei der nächsten Aufgabe stellen Sie sich vor, dass Sie von frühmorgens bis nachts viele Dinge zu erledigen haben. Da es insgesamt 25 Verpflichtungen sind, die Sie zeitlich so gelegt haben, dass Sie auch wirklich alles an diesem Tag erledigen können, müssen Sie unbedingt die Reihenfolge korrekt memorieren. Wie so oft im Leben, hätte es fatale Folgen, wenn Sie etwas vergessen hätten oder – weil »verschwitzt« – zu spät dazu kämen. Versuchen Sie deshalb, eher weniger von diesen stichwortartig aufgeschriebenen Terminen bzw. Aufgaben zu lernen, aber dafür lückenlos und fehlerfrei.

Aber bevor Sie mit dem Test loslegen, lesen Sie sich den nächsten Absatz über den Bewertungsmodus durch, damit Sie genau wissen, worauf es bei diesem Test ankommt.

**Bewertung:** Sie bekommen fünf Spalten mit jeweils fünf Wörtern. Für jede vollständig memorierte Spalte bekommen Sie fünf Punkte. Haben Sie einen Fehler in einer ansonsten kompletten Spalte gemacht, erhalten Sie noch zweieinhalb Punkte für diese Spalte (bei zwei oder mehr Fehlern pro Spalte erhalten Sie null Punkte). Leichte Abwandlungen, zum Beispiel statt »Kontoauszug« »Bankauszug«, zählen nicht als gravierende Fehler; allerdings sollten Sie sich einen Punkt für eine solche Ungenauigkeit abziehen. Wenn Sie zum Beispiel die ersten vier Spalten zu memorieren versuchten und die erste Spalte vollständig korrekt, nur eine Lücke in der zweiten Spalte, zwei Fehler in der dritten Spalte und eine leichte Abwandlung in der vierten Spalte haben, so geben Sie sich folgende Gesamtpunktzahl: 5 + 2,5 + 0 + (5–1) = 11,5 Punkte (Maximalpunktzahl: 25).

**START!**

***5 Minuten***

| | | | | |
|---|---|---|---|---|
| 1. Teewasser | 6. Tadel | 11. Zahnarzt | 16. Telefonat | 21. Hochzeitsstrauß |
| 2. Hausmeister | 7. Tabletten | 12. Konferenz | 17. Planung | 22. Sporttasche |
| 3. Autobatterie | 8. Bestellung | 13. Aerobic | 18. Steuerberater | 23. Tennismatch |
| 4. Diktat | 9. Imbiss | 14. Interview | 19. Reinigung | 24. Herztabletten |
| 5. Aktenordner | 10. Briefkasten | 15. Geburtstag | 20. Geschenk | 25. Tagebuch |

## Termin-Cocktail

***Wiedergabezeit: 5 Minuten***

Schreiben Sie nun die memorierten Begriffe so auf, wie Sie sie gesehen haben. Achten Sie dabei nicht nur auf den Sinn, sondern auch auf den identischen Begriff! Ansonsten müssen Sie sich einen Punkt abziehen, zum Beispiel, wenn Sie statt »Briefbogen« »Briefpapier« geschrieben haben; andere in der Spalte korrekt positionierte Wörter würden jedoch immer noch zählen, allerdings wäre »Briefbeschwerer« eindeutig falsch.

| | | | | |
|---|---|---|---|---|
| 1. | 6. | 11. | 16. | 21. |
| 2. | 7. | 12. | 17. | 22. |
| 3. | 8. | 13. | 18. | 23. |
| 4. | 9. | 14. | 19. | 24. |
| 5. | 10. | 15. | 20. | 25. |
| Punkte: ______ | Punkte: ______ | Punkte: ______ | Punkte: ______ | Punkte: ______ |

**Gesamtpunktzahl:** ______

## TEST 6

### Binärzahlen-Sprint

***Memorierzeit: 1 Minute***

Diese Aufgabe wird Ihnen wohl etwas sonderbar vorkommen. Für einen Computer wäre sie es nicht, denn er arbeitet nach diesem Binärsystem. Er »kennt« also nur zwei verschiedene Zustände, die man mit »0« oder »1« bezeichnet; er codiert alle möglichen Informationen durch eine entsprechende Reihenfolge dieser Binärziffern. Diese Aufgabe wurde jedoch aus einem anderen Grund für den Gedächtnistest bewusst gewählt: Binärzahlen stellen wohl die abstrakteste Information überhaupt dar! Wie immens schwer es ist, abstraktes Informationsmaterial zu lernen, sollen Sie hierdurch selbst erfahren. In einem späteren Kapitel erfahren Sie dann, wie man solche trockenen und langweiligen Informationen für das Gedächtnis gut »verdaulich« macht.

**Bewertung:** Sie erhalten acht Zeilen von Binärzahlenreihen mit jeweils sechs Binärzahlen. Für jede korrekt memorierte Zeile erhalten Sie drei Punkte, bei nur einem Fehler oder einer Lücke pro Zeile können Sie sich noch eineinhalb Punkte geben. Bei zwei oder mehr Fehlern – auch einem Zahlendreher – gibt es keine Punkte für die Zeile (Maximalpunktzahl: 24).

**START!**

***1 Minute***

| | | | | | | |
|---|---|---|---|---|---|---|
| *1. Zeile:* | **0** | **0** | **1** | **0** | **1** | **1** |
| *2. Zeile:* | **1** | **1** | **0** | **1** | **0** | **0** |
| *3. Zeile:* | **0** | **0** | **0** | **1** | **0** | **0** |
| *4. Zeile:* | **0** | **1** | **1** | **1** | **1** | **0** |
| *5. Zeile:* | **0** | **1** | **1** | **1** | **0** | **1** |
| *6. Zeile:* | **0** | **1** | **0** | **0** | **1** | **0** |
| *7. Zeile:* | **1** | **0** | **1** | **1** | **1** | **0** |
| *8. Zeile:* | **0** | **0** | **1** | **1** | **0** | **0** |

## Binärzahlen-Sprint

***Wiedergabezeit: max. 2 Minuten***

Bitte tragen Sie die memorierten Binärzahlen aus dem Gedächtnis in die Kästchen ein, und geben Sie sich entsprechend der beschriebenen Bewertung Punkte. Am Ende summieren Sie die Punkte jeder Zeile.

| | | | | | | | Punkte: |
|---|---|---|---|---|---|---|---|
| *1. Zeile:* | | | | | | | ______ |
| *2. Zeile:* | | | | | | | ______ |
| *3. Zeile:* | | | | | | | ______ |
| *4. Zeile:* | | | | | | | ______ |
| *5. Zeile:* | | | | | | | ______ |
| *6. Zeile:* | | | | | | | ______ |
| *7. Zeile:* | | | | | | | ______ |
| *8. Zeile:* | | | | | | | ______ |

**Gesamtpunktzahl:** ______

## TEST 7

## Geschichts-Spektakel

***Memorierzeit: 5 Minuten***

Die nächste Aufgabe mag Sie sehr an den Geschichtsunterricht in der Schule erinnern. Zu kurz beschriebenen Ereignissen sind die entsprechenden Jahreszahlen zu memorieren. Es gibt allerdings zwei Besonderheiten. Es handelt sich bei diesen Ereignissen auch um wissenschaftliche Entdeckungen und Erfindungen; und Sie erhalten Jahreszahlen aus der Zukunft. Da ferner die übrigen geschichtlichen Begebenheiten nicht allzu bekannt sind, werden Ihnen auch gute historische Kenntnisse kaum helfen. Hier ist vornehmlich Ihre Merkfähigkeit gefordert.

**Bewertung:** Sie erhalten insgesamt 26 historische Ereignisse, bestehend aus einem kurzen Text und einer vierstelligen Jahreszahl. Nach der Memorierzeit von fünf Minuten sehen Sie eine Auflistung mit denselben kurzen Ereignisbeschreibungen, die allerdings diesmal in anderer Reihenfolge angeordnet sind. In dem vorangestellten leeren Kasten tragen Sie dann bitte die dazu gelernte Jahreszahl ein. Für jede korrekt zugeordnete Jahreszahl erhalten Sie einen Punkt (Maximalpunktzahl: 26 Punkte).

START!

*5 Minuten*

| | |
|---|---|
| **1954** | Erste Herstellung künstlicher Diamanten |
| **2032** | Markteinführung: Anti-Krebswirkstoff »Canzit« |
| **1246** | Albertus Magnus wird Magister der Theologie |
| **1874** | Fox baut Regenschirm mit Stahlspeichen |

| | |
|---|---|
| **1415** | Jan Hus wird verbrannt |
| **1783** | C. Montgolfier fliegt mit dem ersten Heißluftballon |
| **2013** | Erster Passagierflug zum Mond |
| **1619** | Veit Bach ist gestorben |
| **1801** | Focard-Chateau erfindet den Eisschrank |
| **2058** | Computer gewinnt die Präsidentschaftswahl |
| **1869** | Farbfotografie erstmals entwickelt |
| **1914** | Crosby stellt den ersten Büstenhalter her |
| **1886** | Bernardos entwickelt das Lichtbogenschweißen |
| **1911** | Schmidt erfindet »Mensch ärgere dich nicht« |
| **1753** | Zitronenfrüchte wirken gegen Skorbut |
| **2020** | Gedächtnissport als olympische Disziplin |
| **1929** | Erste Iguanodon-Skelette werden gefunden |
| **2077** | Weltfrieden: Entdeckung des Toleranz-Gens |
| **1889** | Gibb entwickelt das Tischtennis-Spiel |
| **2018** | Nobelpreis für die »Humatics«-Theorie |
| **1815** | Wunderlind verwendet Fieberthermometer |
| **1280** | Italien erfindet die Brille |
| **1955** | Gründung der Popgruppe »The Quarrymen« |
| **1582** | Einführung des gregorianischen Kalenders |
| **1716** | Böttger erzeugt das »Meißener«-Porzellan |
| **2045** | Einführung der Weltsprache »Enkuade« |

## Geschichts-Spektakel

***Wiedergabezeit: 5 Minuten***

Tragen Sie nun bitte die vierstelligen Jahreszahlen, die Ihnen noch im Gedächtnis geblieben sind, ein. Um einen Punkt zu erhalten, muss die Jahreszahl allerdings hundertprozentig stimmen!

| | |
|---|---|
| | Gründung der Popgruppe »The Quarrymen« |
| | Nobelpreis für die »Humatics«-Theorie |
| | Wunderlind verwendet Fieberthermometer |
| | Italien erfindet die Brille |
| | Gibb entwickelt das Tischtennis-Spiel |
| | Einführung des gregorianischen Kalenders |
| | Computer gewinnt die Präsidentschaftswahl |
| | Weltfrieden: Entdeckung des Toleranz-Gens |
| | Schmidt erfindet »Mensch ärgere dich nicht« |
| | Zitronenfrüchte wirken gegen Skorbut |
| | Gedächtnissport als olympische Disziplin |
| | Böttger erzeugt das »Meißener«-Porzellan |
| | Erste Iguanodon-Skelette werden gefunden |
| | Bernardos entwickelt das Lichtbogenschweißen |
| | Farbfotografie erstmals entwickelt |
| | Veit Bach ist gestorben |
| | Einführung der Weltsprache »Enkuade« |

| | |
|---|---|
| | Fox baut Regenschirm mit Stahlspeichen |
| | Albertus Magnus wird Magister der Theologie |
| | Erste Herstellung künstlicher Diamanten |
| | Jan Hus wird verbrannt |
| | C. Montgolfier fliegt mit dem ersten Heißluftballon |
| | Erster Passagierflug zum Mond |
| | Focard-Chateau erfindet den Eisschrank |
| | Crosby stellt den ersten Büstenhalter her |
| | Markteinführung: Anti-Krebswirkstoff »Canzit« |

**Gesamtpunktzahl:** ______________

## TEST 8

### Wörterpärchen-Sprint

***Memorierzeit: 1 Minute***

Dies ist ein Standardtest der Psychologie, um die Gedächtnisleistung von Menschen zu messen. Sie sehen nebeneinander stehende Pärchen von Hauptwörtern, wobei das linke Wort das Schlüsselwort ist und rechts das zu memorierende Memowort steht.

**Bewertung:** Sie haben eine Minute Zeit, um sich die Pärchen einzuprägen. Danach sehen Sie in abgewandelter Reihenfolge eine Auflistung der linken Schlüsselwörter und müssen das korrekte Memowort zuordnen. Pro richtiger Zuordnung erhalten Sie einen Punkt, bei leichter sinnverwandter Abwandlung einen halben Punkt; also wenn Sie zum Beispiel statt »Dolch« »Messer« schreiben (Maximalpunktzahl: 20 Punkte).

**START!**

**1 Minute**

| ***Schlüsselwort*** | ***Memowort*** | ***Schlüsselwort*** | ***Memowort*** |
|---:|---|---:|---|
| Pelz | Stange | Spiel | Umschlag |
| Kork | Tapete | Hirsch | Handtuch |
| Glas | Schokolade | Sonne | Wand |
| Biene | Schiene | Gabel | Zettel |
| Pendel | Apfel | Zirkus | Affe |
| Laser | Blatt | Fernglas | Raupe |
| Adler | Kreis | Ananas | Lokomotive |
| Schraube | Schwung | Korkenzieher | Gehirn |
| Bart | Kranz | Pantoffel | Schaum |
| Bürste | Party | Band | Kugel |

## Wörterpärchen-Sprint

***Wiedergabezeit: 2 Minuten***

Decken Sie nun die eben eingeprägten Wörterpaare ab, und tragen Sie unten das fehlende Wort zum Schlüsselwort ein.

| *Schlüsselwort* | *Memowort* | *Schlüsselwort* | *Memowort* |
|---:|---|---:|---|
| Gabel | | Glas | |
| Korkenzieher | | Adler | |
| Fernglas | | Band | |
| Laster | | Bürste | |
| Pantoffel | | Ananas | |
| Hirsch | | Schraube | |
| Zirkus | | Bart | |
| Kork | | Pelz | |
| Spiel | | Biene | |
| Sonne | | Pendel | |

**Gesamtpunktzahl:** ____________

# TEST 9

## Spielkarten-Nuss

***Memorierzeit: 5 Minuten***

Die nächste Aufgabe ist so richtig etwas für »Zocker« – insbesondere für Kartenspieler. Professionelle Skat- oder Bridgespieler sollten an diesem Test ihre wahre Freude haben! Alle anderen werden etwas ganz Bedeutendes lernen: Sehr ähnliche Informationen während einer Lernphase gleichzeitig abzuspeichern ist enorm schwierig, da es ein großes »Kuddelmuddel« im Geist gibt. Aber versuchen Sie sich daran, und sehen Sie selbst!

**Bewertung:** Ihnen wird eine durchnummerierte Reihenfolge von 20 Spielkarten (aus einem 32er-Kartenspiel) gezeigt, und zwar in Fünferreihen. Prägen Sie sich die exakte Abfolge möglichst vieler Karten ein, angefangen mit der Spielkarte an Position 1. Sie erhalten für jeden korrekt memorierten Fünferblock fünf Punkte. Liegt ein Fehler in einem solchen Block vor – Lücke oder falsche Karte –, so geben Sie sich noch zweieinhalb Punkte. Zwei Fehler – auch ein Kartendreher! – führen jedoch bezüglich jedes einzelnen Blocks zu null Punkten. Sowohl die Farbe – Karo, Herz, Pik oder Kreuz – als auch der Wert (7, 8, 9 etc.) der Karten müssen korrekt wiedergegeben werden (Maximalpunktzahl: 20 Punkte).

START!

**5 Minuten**

1 2 3 4 5

6 7 8 9 10

11 12 13 14 15

16 17 18 19 20

## Spielkarten-Nuss

***Wiedergabezeit: 5 Minuten***

Tragen Sie die memorierten Spielkarten in die Kästchen ein, und bewerten Sie Ihr Ergebnis so, wie eben beschrieben. Haben Sie zum Beispiel die ersten fünf Karten vollständig richtig, bei den Karten sechs bis zehn zwei Fehler und im dritten Fünfer-Kartenblock einen Fehler, so bekommen Sie 5 + 0 + 2,5 = 7,5 Punkte.

1 = ______ 2 = ______ 3 = ______ 4 = ______ 5 = ______

6 = ______ 7 = ______ 8 = ______ 9 = ______ 10 = ______

11 = ______ 12 = ______ 13 = ______ 14 = ______ 15 = ______

16 = ______ 17 = ______ 18 = ______ 19 = ______ 20 = ______

**Gesamtpunktzahl:** ______

## TEST 10

### Textwörter-Sprint

***Memorierzeit: 1 Minute***

In diesem letzten Test bekommen Sie einen kurzen Text, in dem zehn Stichwörter bzw. wichtige Informationen markiert sind. Da Sie nur eine Minute Zeit haben, sollten Sie den Text nur überfliegen und sich dabei auf die Stichwörter konzentrieren, um sich so viele von diesen markierten Textwörtern wie möglich einzuprägen, wobei bei dieser Aufgabe die Reihenfolge keine Rolle spielt. Stellen Sie sich dabei vor, dass Sie Ihrem Kollegen oder Freund von dem kurzen Artikel erzählen und möglichst auf alle bedeutsamen Fakten eingehen wollen. (Übrigens enthält der Text knapp 200 Wörter, was der durchschnittlichen Lesegeschwindigkeit pro Minute im Deutschen entspricht!)

**Bewertung:** Schreiben Sie nach der Memorierminute die von Ihnen behaltenen Begriffe auf. Für die vollständig korrekte Wiedergabe von jeder der zehn markierten Informationen erhalten Sie zwei Punkte. Ist Ihre Niederschrift nicht hundertprozentig korrekt, hat aber noch akzeptable Ähnlichkeit mit dem angestrichenen Textteil, so können Sie sich noch einen Punkt geben (Maximalpunktzahl: 20 Punkte).

**START!** **1 Minute**

Das menschliche Gehirn ist nach Ansicht vieler Wissenschaftler die **komplexeste Masse** des Universums. Es wiegt nur etwa 1500 Gramm, enthält aber eine unvorstellbare Menge an Gehirnzellen, die auch als **Neuronen** bezeichnet werden. Nach neuesten Erkenntnissen der Gehirnforschung beläuft sich ihre Anzahl auf **rund 300 Milliarden**! Obgleich das Gehirn relativ klein ist im Vergleich zum ganzen Körper, verbraucht es über 20 Prozent der gesamten umgesetzten Energie: Dies entspricht letztlich dem Energieverbrauch einer **25-Watt-Glühbirne**. Noch wichtiger als die Anzahl der Neuronen ist wohl die Zahl der Verschaltungen zwischen diesen; so kann jedes Neuron mit bis zu **10 000** anderen Gehirnzellen eine **Vernetzung durch Dendriten** eingehen. Und die Anzahl unserer Fertigkeiten sowie das Ausmaß unserer mentalen Leistungsfähigkeit, kurz gesagt unser **»Humanpotenzial«**, hängt wahrscheinlich von der Gesamtmenge effizienter Neuronen-Verknüpfungen ab. Und nun die gute Nachricht: **Tierexperimente** haben gezeigt, dass das Ausmaß der Neuronenvernetzung durch die beständige Bewältigung anspruchsvoller geistiger Aufgaben – also durch **Mentaltraining** – zunimmt! – und das in jedem **Alter**! Dies wäre also auch die physiologische Basis für die immense Leistungssteigerung des Gedächtnisses, welche durch regelmäßige Übungseinheiten erreichbar ist.

## Textwörter-Sprint

***Wiedergabezeit: 2 Minuten***

Fügen Sie nun nach beliebiger Reihenfolge alle markierten Textwörter ein, an die Sie sich noch erinnern können. Sie haben hierfür zwei Minuten Zeit.

| | |
|---|---|
| ______________________ | ______________________ |
| ______________________ | ______________________ |
| ______________________ | ______________________ |
| ______________________ | ______________________ |
| ______________________ | ______________________ |

**Gesamtpunktzahl:** ___________

## TESTENDE

Na, war es schwer? – Ich hoffe, nicht allzu sehr! Bitte gehen Sie ans Ende des Buches zum Abschnitt »Auswertung«, um Näheres über Ihre Ergebnisse zu erfahren.

# Unser Gehirn – ein faszinierender Datenspeicher

## Nutzen wir tatsächlich nur zehn Prozent unseres Denkorgans?

Gratulation! Sie haben keine theoretische Abhandlung der Hirnforschung erstanden, sondern einen leicht verständlichen und unterhaltsamen Schnellkurs zur Steigerung der Gedächtnisleistung. Sie werden dieses Buch schon nach wenigen Seiten schätzen lernen. Die Techniken und Strategien, die ich erläutere, sollen Ihnen zu einer Mentalkraft verhelfen, die Sie bisher für unmöglich hielten. Nach der Lektüre dieses Buchs werden Sie sich wundern, warum nicht jeder längst mit Gedächtnis-Techniken arbeitet, denn sie sind der Weg, die faszinierenden Möglichkeiten unseres Denkorgans auszuschöpfen. Um die Wirkung der Merk-Methoden besser verstehen zu können, möchte ich kurz auf die Anatomie und Physiologie des Gehirns eingehen.

Vielleicht haben Sie schon einmal gehört, der Mensch nutze sein Gehirn nur zu zehn Prozent, manchmal wird behauptet, es seien sogar nur fünf Prozent oder lediglich ein Prozent! Meistens entdeckt man solche Zahlen in Prospekten für Persönlichkeits-, Gehirn- oder Motivations-Trainingsprogramme. Und sicherlich durchschauen Sie, wie nützlich diese Behauptung ist, denn sie deckt sich mit den Geschäftsinteressen jedes unseriösen (weil schlecht informierten oder vorsätzlich schlecht informierenden)

Mental-Gurus: Wer wäre nicht daran interessiert, auch den viel größeren (um 90 bis 99 Prozent), aber anscheinend brachliegenden Teil des Gehirns zu nutzen?

Und so verbreitete sich der Mythos vom ungenutzten Gehirn über die Jahre, untermauert auch durch eine angebliche Äußerung vom oft falsch zitierten oder missverstandenen Albert Einstein! Und so werde ich auch oft gefragt, was man tun kann, um die restlichen 90 Prozent unserer grauen Zellen in Gang zu setzen. Meine nüchterne Antwort: »Wenn Sie tatsächlich nur zehn Prozent nutzen würden, wären Sie außerstande, diese Frage zu stellen!«

Hirnforscher sind einhellig der Meinung, dass wir Menschen nahezu die Gesamtmasse unseres Gehirns aktivieren. Neueste Analysen von Computertomographie-Bildern ermöglichen zu fast jedem Areal des Gehirns eine gewisse Zuordnung. Und längst kann man jedem Menschen mit Hilfe von Tomographen und Hirnstrom-Messgeräten (EEG) beim Denken zusehen. So fanden Forscher für Dutzende geistige und körperliche Funktionen entsprechende neuronale Bereiche, die beispielsweise für die Sprachbegabung oder das Zahlengedächtnis verantwortlich sind. Zwar existieren auf der Landkarte des Gehirns noch viele weiße Flecken (ähnlich wie auf dem Globus vor 500 oder 600 Jahren), aber nichts deutet darauf hin, dass wir seit Jahrmillionen Menschheitsgeschichte ein Kilogramm ungenutzte Hirnmasse mit uns herumschleppen.

Die Erkenntnis, einen rundum vitalen Zentralrechner zu besitzen, sollte Sie allerdings nicht dazu verleiten, das Buch beiseite zu legen. Ganz im Gegenteil: Denn genauso wie bei einem Computer können wir (mit gewissen Einschränkungen – aber dazu später) im Kopf zwischen Hardware- und Software unterscheiden. Auch ein Computer benötigt alle seine elektronischen Bestandteile für einen einwandfreien Betrieb, was man beispielsweise daran sieht, dass er »den Geist aufgibt«, wenn ein winziges Bauteil der Hardware defekt ist. Aber wie effektiv man diese Hardware nutzt und welche Gesamtleistung der Rechner vollbringt, hängt von der (meist sehr kostbaren und teuren) Software ab, die installiert ist!

Nehmen wir einmal an, eine Testperson sollte entscheiden, welcher von zwei Computern der bessere ist: Auf dem einen läuft eine mickrige Textverarbeitung, auf dem anderen eine fantastische 3-D-Animation. Jeder würde wohl letzteren mit Sicherheit für den besseren halten – obwohl in unserem Gedankenexperiment beide Computer mit identischer Hardware ausgestattet sind.

Genauso verhält es sich mit unserem Gehirn. Wir benötigen nahezu die gesamte Struktur unseres Denkorgans zur Bewältigung des Alltags und der beruflichen Anforderungen. Darüber hinaus bewegen sich die messbaren Unterschiede im Oberstübchen gesunder Menschen im Übrigen in sehr engen Grenzen: Unsere Schaltzentrale besteht zu 75 Prozent aus Wasser, ist etwa 1000 bis 2000 Gramm schwer (Männer haben im Durchschnitt 100 Gramm mehr – aber keine falschen Rückschlüsse daraus ziehen, meine Herren!). Sie ist aus etwa 300 Milliarden neuronalen Zellen aufgebaut, dies entspricht einer größeren Zahl als der uns im Universum bekannten Sterne. Selbst das Gehirn von Albert Einstein, für die meisten Menschen Inbegriff eines Genies, wies als einzig signifikanten Unterschied zum »Durchschnittsgehirn« einen leicht vergrößerten Schläfenlappen auf. Für seine epochalen Errungenschaften reicht diese anatomische Erklärung jedoch nicht aus.

Denn wie effektiv wir unser Gehirn nutzen, hängt davon ab, wie gut Hardware und Software in der Lage sind, neue Daten aufzunehmen, abzuspeichern, zu verknüpfen und bei Bedarf auch wieder abzurufen. Wobei auf gehirnphysiologischer Ebene sich die »Hardware« als vernetzte Neuronen darstellt und unter der »Software« der angelernte Wissensspeicher, das logische Verständnis, die Kombinationsfähigkeit und alle anderen kognitiven Fähigkeiten gemeint sind, einschließlich der gelernten Methoden, Techniken und Strategien zur Optimierung der Denkprozesse.

Und nun die schier unglaubliche Nachricht: Die Gesamtleistung Ihrer »Gehirn-Software« können Sie um Tausende Prozent verbessern! Als ich vor wenigen Jahren selbst die hier beschriebenen Lernstrategien erfuhr und regelmäßig zu trainieren begann, wusste ich noch nicht, wozu mein Gehirn in der Lage sein würde. Seitdem habe ich mich in Abhängigkeit von den gestellten Gedächtnisaufgaben um 300 bis 3000 Prozent verbessert! Ein Ende dieses Mental-Tunings ist nicht abzusehen.

## Mehrere Gedächtnisse, ein Ziel

Konstruiert ist unser gesamter Organismus – und damit auch unser Gehirn – um Mammuts zu erlegen, Beeren zu sammeln, das Lagerfeuer in der Höhle am Brennen zu halten und so die eigene Sippe gegen die Gefahren und Unbilden der Natur zu verteidigen. Wie man einbalsamierten Pharaonen, eingefrorenen Gletscherleichen oder versteinerten Knochenresten unserer Vorfahren entnehmen kann, hat sich der Bauplan des Menschen in den letzten 100 000 Jahren kaum verändert. Auch unser Geist hat sich in vielen vergangenen Generationen eher darin bewährt, einen Säbelzahntiger zu überlisten, als Termine zu jagen.

Und noch heute kann man entdecken, wie sinnvoll der Aufbau unseres Gehirns für das Überleben in der Wildnis ist. Denn würden alle Sinneseindrücke wahllos in unserem Datenspeicher fixiert, wäre seine Kapazität wohl schon nach den ersten Lebenswochen erschöpft. Oder wollten Sie heute tatsächlich wissen, wie viele Windeln Sie als Säugling verbraucht haben?

Wie wichtig das Vergessen für unser Gedächtnis ist, kann man auch bei jedem Schreckerlebnis erkennen – schon nach wenigen Sekunden ist das Knarzen einer Tür im dunklen Keller vergessen, wenn wir bemerkt haben, dass das Ereignis es nicht wert war, abgespeichert zu werden. War es nur ein Windzug, der die Tür bewegte, können wir daraus nichts fürs Leben lernen, und der Höreindruck »Knarzen« wird nicht den Weg in tiefere Gedächtnisregionen finden. Ein steinzeitlicher Jäger wäre schon nach wenigen Metern im Wald dem Nervenzusammenbruch nahe gewesen, hätte sein Gedächtnis nicht permanent verdächtige Geräusche und Bilder gelöscht. Unvergesslich blieb dagegen das Röhren, die Jagd und der Kampf mit einem Hirschen oder Wildschwein, wenn der Steinzeit-Jäger anschließend mit einem frischen Wildbraten belohnt wurde.

Ganz offensichtlich spielen Gefühle (Angst und Furcht bei schlimmen Erinnerungen, Freude und Glück bei angenehmen Erinnerungen) eine überragende Rolle dabei, ob man sich ein Geräusch, ein Bild, einen Duft oder eine nüchterne Zahl einprägt. Und bestimmte Instanzen im Kopf müssen über die Verteilung, Bewertung und Verknüpfung von Sinneseindrücken entscheiden (eine Leistung, zu der übrigens kein Computer fähig ist). Unser Ziel ist es, diese ganz natürlichen und in Jahrtausenden bewährten, mentalen Prozesse zur Optimierung des Gedächtnisses zu nutzen.

## *Was beim Merken passiert*

Dass unser Gehirn in den meisten Disziplinen weitaus leistungsfähiger ist als jeder Computer (auch wenn der Silizium-Geist des IBM-Rechners »Deep Blue« den Schachweltmeister Gary Kasparow geschlagen hat – aber dabei rechnete er nur stupide eine schier unendliche Anzahl von Schachzügen durch), liegt an der sehr ökonomischen und ausgefeilten Informationsverarbeitung und einigen genialen Tricks, die uns die Schöpfung mit auf den Weg gab.

Nachdem sich unser Denkorgan in Kindheit und Jugend zu voller Pracht entwickelt hat, ist ein Absterben von Gehirnzellen zwar möglich (wahrscheinlich weit mehr als 1000 täglich, schätzen Mediziner), unserem Verstand setzt das aber kaum zu, weil wir auch neue Zellen bilden können, wenn wir uns geistig fordern (etwa 1000 Neuronen täglich, lassen neueste Studien vermuten). Zudem müssen wir uns das Gehirn als ein Zusammenspiel vieler verschiedener Regionen vorstellen, die miteinander kommunizieren und sich – so gut es geht – die Arbeit teilen.

So haben Wissenschaftler herausgefunden, dass die rechte und die linke Hirnhälfte gewisse (wenn auch nicht ausschließliche) Spezialisierungen aufweisen:

- Die linke Hirnhälfte ist vorwiegend für Rationales zuständig. Sie stellt Kategorien und zeitliche Analysen auf, löst logische Probleme (Kopfrechnen) und repräsentiert das Faktengedächtnis (Telefonnummer, Pin-Zahl).
- Die rechte Hirnhälfte gilt als Sitz der Kreativität und Emotionen. Gefühle, Assoziationen, Gestik, Mimik, Ironie und Musik werden hier verarbeitet, aber auch die räumliche Orientierung und Bilder. Das autobiografische Gedächtnis (»Wann war nochmal der Hochzeitstag?«) ist hier angesiedelt.

*Ein Geniestreich, wenn man die Stärken der linken und rechten Hirnhälfte ausschöpft*

Auf welche Weise die im Gehirn ablaufenden biochemischen und elektrischen Prozesse letzlich zu einer Informationsabspeicherung führen, ist bis jetzt noch völlig unklar. Über die praktische Funktionsweise des Gedächtnisses gibt es allerdings ganz präzise Vorstellungen.

Nehmen wir einmal an, beim Spaziergang durch die Stadt läuft uns eine Person über den Weg, die einem Prominenten ähnelt, beispielsweise dem Tenor Luciano Pavarotti. Diese überraschende

Begegnung löst sicherlich ein ganz individuelles Wahrnehmungsprogramm aus, das etwa folgende Inhalte haben könnte:

- Sie erkennen die Ähnlichkeit der Person, denn in Ihrem persönlichen Bildarchiv ist die markante Silhouette des Italieners abgespeichert.
- Aus dem Namensgedächtnis wollen Sie »Pavarotti« abrufen, entweder gelingt es Ihnen, oder der Name »liegt Ihnen auf der Zunge«.
- Weitere Assoziationen werden wach: Sie hören ihn eine Verdi-Arie schmettern, das Vibrato seiner Stimme, sein letzter Fernseh-Auftritt, und hat er nicht sogar eine Platte mit U2 aufgenommen? Dazu gesellen sich abschweifende Gedanken: Ist die Toskana nicht eine herrliche Reiselandschaft? Die Weinberge, der Duft von gedünsteten Tomaten und Salbei.

So stürzt eine Flut von Informationen aus allen Bereichen des Gedächtnisses auf uns ein, ausgelöst von einem kurzen Blick. Fakten, Daten, Bilder und Ereignisse treten ins Bewusstsein, die irgendwo verschüttet schienen, plötzlich sind sie miteinander verknüpft. Das Beispiel zeigt auch viel von der Arbeitsweise des Gedächtnisses: Wir erinnern Pavarottis Namen vermutlich leicht, weil eben unzählige Informationen mit seinem Konterfei und seinem Namen verbunden sind, die jede für sich einem Wegweiser zum Namen »Pavarotti« gleicht. Typisch für die Arbeitsweise des Gehirns ist auch, dass jede Wahrnehmung, ganz egal, ob es »Die drei Tenöre« sind oder ein roter Ball, in verschiedene Aspekte aufgeteilt und separat verarbeitet wird: Die Detailinformation »Ball« wird in einem Hirnareal gespeichert, die Farbe »Rot« an einem anderen Ort. Ein assoziationsreiches Abspeichern führt so zu mehr Erinnerungsspuren für eine Information, wodurch diese leichter abrufbar gemacht wird.

»Das werde ich nie vergessen« ist ein Versprechen, das man nur hört, wenn jemand wirklich ergriffen ist. Und die Vermutung, eine Information für immer behalten zu können, gründet genau darauf: Der Eindruck muss so stark sein, dass er sich förmlich in die Neuronenbahnen des Gehirns eingraviert. Neueste Forschungsergebnisse zeigen, dass unser Gehirn bei wichtigen (lustigen, schönen, positiven ebenso wie negativen, tragischen) Informationen unsere Gefühlszentrale – das limbische System – aktiviert. Erst durch das limbische System wird ein Eindruck so aufgewertet, dass er nachhaltige Gedächtnisspuren hinterlässt. Neueste Ergebnisse von Forschern aus Bonn zeigen, dass zwei Teile des limbischen Systems (das so genannte »Riechhirn« und der »Hippokampus«) mit einer bestimmten Frequenz zu schwingen beginnen, wenn eine Information als Erinnerung abgespeichert wird. Ohne diese 40-Hertz-Schwingung lässt das Gehirn den Sinnesreiz einfach fallen.

Extremer Stress ist dagegen Gift für das Gedächtnis. Das Vergessen bestimmter Erlebnisse, Bilder oder Eindrücke in Notsituationen ist die logische Folge. In diesen emotionalen Extremsituationen schüttet der Körper Stresshormone aus, die Gedächtnisspuren auslöschen (so erklärt sich mancher »Filmriss« nach einem Gewaltakt oder Unfall). Für uns ist wichtig zu wissen: Erfolgreiches Lernen funktioniert am besten in einer angenehmen, stressfreien Umgebung. Nur in entspannter Atmosphäre können wir unsere Leistungsfähigkeit voll ausschöpfen und »mentale Kondition« für stressige Momente aufbauen!

Überlegen Sie doch einmal, worin Ihre früheste kindliche Erinnerung besteht? In den meisten Fällen sind es Erlebnisse im dritten oder vierten Lebensjahr, oft verbunden mit großen Gefühlen. So kann einer meiner Bekannten in aller Detailtreue das Flugzeug beschreiben, das er als Vierjähriger zu Weihnachten bekam, andere erzählen mit Schrecken, wie sie sich als Kleinkind versehentlich in einer Toilette einsperrten oder sich beim Einkaufen verliefen und die Eltern nicht mehr fanden. Es sind überwiegend emotional beladene Bilder, die unvergesslich bleiben! Diese Erkenntnis (eine Stärke unseres Denkorgans) werden wir in den nächsten Kapiteln noch oft praktisch nutzen können.

Immer wieder können Mediziner und Psychologen aus den speziellen Erkrankungen und Verletzungen des Gehirns von Patienten interessante Aufschlüsse über das Gedächtnis gewinnen. So unterscheiden sie das Gedächtnis nicht nur nach der Informationsprozessierung (wie wir sie gleich besprechen), sondern auch nach der im Gedächtnis abzuspeichernden Information.

- Das prozeduale Gedächtnis speichert Bewegungen des Körpers, es arbeitet automatisch.
- Durch ein unbewusstes Gedächtnissystem wird ein so genannter »Priming-Effekt« hervorgerufen; unter Priming (engl. *to prime* = vorbereiten) versteht man, dass eine vorhergehende Konfrontation mit einem Lernmaterial, auch wenn sie unbewusst ist, auf eine spätere (erleichterte) Aufnahme vorbereitet.
- Das Wissensgedächtnis beinhaltet alle erlernten Daten und Fakten. Gefühle, Begeisterung und Spaß (optimiert durch mentale Strategien!) können dessen Leistungsfähigkeit enorm steigern.
- Das episodische Gedächtnis ist der Speicher für unseren Lebenslauf und alle wichtigen chronologischen Ereignisse. Auch hier spielen Emotionen eine Hauptrolle: Es bleibt vornehmlich haften, was das Gemüt erregt.

Für unser Lernen sind vor allem die beiden letzten Gedächtnissysteme verantwortlich, die man in drei weitere unterschiedliche Gedächtnisse zerlegen kann. Jedes hat ein sehr spezifisches Aufgabenspektrum. In der Abbildung auf Seite 55 sind diese drei Gedächtnisse grafisch dargestellt.

## Ultrakurzzeitgedächtnis

Die am Anfang dieser Gedächtniskaskade stehende Einheit ist das Ultrakurzzeitgedächtnis (UKZ), welches auch als sensorisches Gedächtnis bezeichnet wird. Denn die über die Sinne kommenden Informationen werden hier für einen Zeitraum von 0,5 bis zwei Sekunden abgespeichert und während dieser Zeit auf ihre Bedeutsamkeit hin überprüft und gefiltert.

Diesen Gedächtnisspeicher hat der schwedische Professor J. A. Segner schon 1740 untersucht und seine Speicherzeit mittels eines einfachen Experiments bestimmt: Er ließ einen Leuchtkörper mit zunehmender Geschwindigkeit rotieren und stellte fest, wann man nicht nur einen einzigen sich bewegenden Leuchtpunkt wahrnahm, sondern eine leuchtende Kreisform. Aus der Geschwindigkeit an diesem Übergangsmoment ermittelte er dann die Zeitdauer der Abspeicherung (denn das Gehirn kann den leuchtenden Punkt nur dann als Kreis wahrnehmen, wenn es sich noch lange genug erinnert, wo der Leuchtpunkt vorher gewesen ist); diese lag bei 0,1 bis 0,5 Sekunden, abhängig von der Helligkeit des Leuchtkörpers. Natürlich wird auch in den Zellen unserer Sinnesorgane, zum Beispiel beim Auge auf der Netzhaut, die Information für einen kurzen Moment gespeichert. Aber das eigentliche Ultrakurzzeitgedächtnis ist im Gehirn lokalisiert, wobei dieser Speicher eher auf Muster als auf Helligkeit reagiert. Ferner ist die Speicherzeit von der so genannten Sinnesmodalität abhängig. So werden akustische Informationen meist länger, bis zu zwei Sekunden, »sensorisch« abgespeichert (»im Ohr klingt es einem noch nach«).

Übrigens kann man das UKZ im Alltag schön beim Jogging wahrnehmen. Schließt man während des Laufens die Augen, so fühlt man sich für eine halbe bis zwei Sekunden noch recht sicher, bis einen dann schlagartig die Angst überkommt und man die Augen aufreißt. Spätestens dann ist nämlich die im UKZ gespeicherte Repräsentation der Umgebung verloschen.

Nach dem kurzen Ablegen einer Information im UKZ geht zum Glück alles Nutzlose wieder verloren. Nur ein ganz geringer, aber in irgendeiner Weise »bedeutsamer« Bruchteil schafft den Sprung ins nächste Gedächtnis – ins Kurzzeitgedächtnis.

### *Kurzzeitgedächtnis*

Der Name ist Programm! Die gespeicherte Information wird nur über einen kurzen Zeitraum aufgenommen und verarbeitet, bevor sie verlöscht oder den Weg ins Langzeitgedächtnis findet. Die landläufige Ansicht, dass Ereignisse, an die man sich lediglich für einige Stunden oder wenige Tage erinnert, nur im Kurzzeitgedächtnis gespeichert sind und nicht im Langzeitgedächtnis, ist jedoch falsch. Die Speicherdauer des Kurzzeitgedächtnisses beträgt lediglich bis zu 20 Sekunden! (Der Vollständigkeit halber sei gesagt, dass einige Gedächtnisforscher aufgrund bestimmter Experimente als maximale Speicherzeit des Kurzzeitgedächtnisses 20 Minuten angeben.) Die für uns wichtige Konsequenz ist, dass alle Informationen, die Sie über einen kürzeren Zeitraum – und sei es nur

*Das Drei-Gedächtnisse-Modell bestehend aus Ultrakurz-, Kurz- und Langzeitgedächtnis* ▶

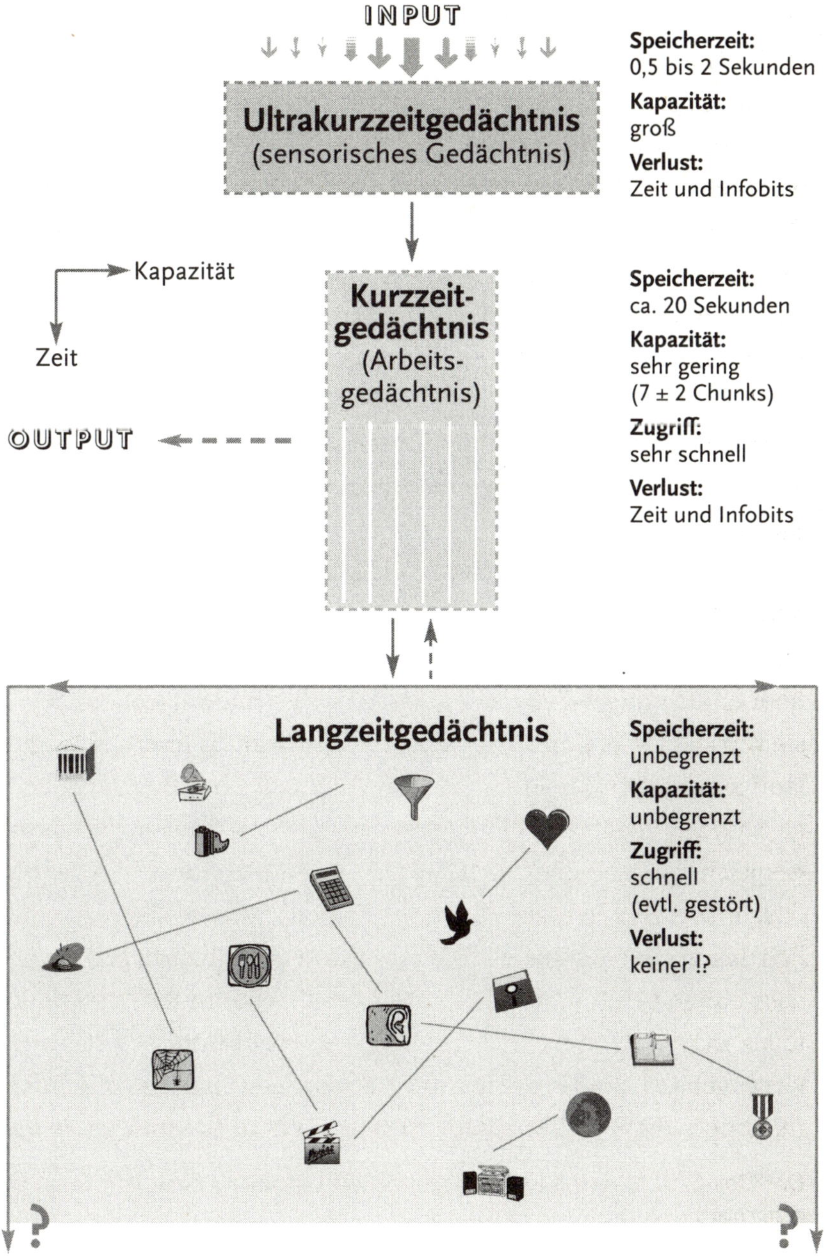
INPUT
Ultrakurzzeitgedächtnis
(sensorisches Gedächtnis)
Speicherzeit:
0,5 bis 2 Sekunden
Kapazität:
groß
Verlust:
Zeit und Infobits
Kapazität
Zeit
Kurzzeit-
gedächtnis
(Arbeits-
gedächtnis)
OUTPUT
Speicherzeit:
ca. 20 Sekunden
Kapazität:
sehr gering
(7 ± 2 Chunks)
Zugriff:
sehr schnell
Verlust:
Zeit und Infobits
Langzeitgedächtnis
Speicherzeit:
unbegrenzt
Kapazität:
unbegrenzt
Zugriff:
schnell
(evtl. gestört)
Verlust:
keiner !?
?
?

eine Stunde – gespeichert haben, bereits im Langzeitgedächtnis sind!

Aber das Kurzzeitgedächtnis hat eine weitere zu beachtende Eigenschaft: Es hat ein äußerst begrenztes Aufnahmevermögen. Wie erstaunlich klein diese Speicherkapazität ist, können Sie durch das nachfolgende kleine Experiment »am eigenen Leibe« erfahren.

**Bestimmung der Gedächtnisspanne:** Decken Sie die unten stehenden Zahlenreihen mit einem Blatt Papier ab. Es sind insgesamt sechs Zahlenreihen, wobei die erste Zahlenreihe aus vier Ziffern und die letzte aus neun Ziffern besteht. Ihre Aufgabe ist es nun, jede Zahlenreihe, angefangen mit der ersten, möglichst fehlerfrei zu memorieren und dann im Anschluss aufzuschreiben. Allerdings müssen Sie dabei noch etwas Besonderes beachten! Sie sollten jede Ziffer im Takt von ein bis zwei Sekunden laut vorlesen und nur einmal anschauen. Probieren Sie es nun mit der ersten Zahlenreihe, schreiben Sie die vier Ziffern auf und lesen Sie dann die nächste, fünfstellige laut vor, und bringen Sie diese Ziffernfolge so gut wie möglich aufs Papier.

| | | |
|---|---|---|
| 4 Ziffern | 6 3 7 8 | ____________ |
| 5 Ziffern | 4 0 0 7 5 | ______________ |
| 6 Ziffern | 1 4 0 3 7 9 | ________________ |
| 7 Ziffern | 7 8 3 2 9 6 2 | __________________ |
| 8 Ziffern | 2 3 0 9 1 9 6 1 | ____________________ |
| 9 Ziffern | 3 0 5 2 7 2 6 3 5 | ______________________ |

Ist es nicht erstaunlich, wie leicht sich vier oder fünf Ziffern einprägen? Mit sieben oder gar acht Ziffern gestaltet sich die Aufgabe als enorm anspruchsvoll und mit neun als fast unmöglich. Übrigens beruht dieser Test auf den systematischen experimentellen Arbeiten von J. Jacobs, einem Londoner Lehrer, der bereits 1887 das Lernvermögen seiner Schulkinder damit bestimmen wollte; und auch heutzutage ist ein entsprechender Testblock häufig Bestandteil von IQ-Tests, wobei das Memorieren von neun oder zehn Ziffern eindeutig im Geniebereich von einem IQ über 150 liegt! (Siehe auch die Anekdote »Unwissende Wissenschaftler ...«.)

Was Sie eben erfahren haben, ist Ihre persönliche Kapazitätsgrenze des Kurzzeitgedächtnisses. Im Durchschnitt merken sich die Menschen sechs bis sieben Ziffern – oder Informationseinheiten –, denn für die Bestimmung der Aufnahmegrenze des Kurzzeitgedächtnisses ist es nahezu irrelevant, ob man diesen Test mit Ziffern, Buchstaben, Wörtern, Zeigebewegungen oder Farben macht. Auch für das Lösen von Denkaufgaben bestimmt der begrenzte Umfang des Kurzzeitgedächtnisses den anscheinend hohen Schwierigkeitsgrad. Dies drückt sich auch im zweiten Begriff aus, der manchmal parallel für das Kurzzeitgedächtnis verwendet wird: Arbeitsgedächtnis – in Entsprechung zum Arbeitsspeicher des Computers. Versuchen Sie sich nun am folgenden trivialen Logik-Test, der das Arbeitsgedächtnis nur gering belastet:

**Maria ist schöner als Bettina.**
**Wer ist hässlicher?**

Nun, ich denke, das war auf Anhieb lösbar, doch wie steht es mit folgender Aufgabe, können Sie sie nach einmaligem Durchlesen lösen?

**Felix ist kleiner als Markus.**
**Robert ist größer als Harry.**
**Felix ist größer als Robert.**
**Wer ist der größte?**

Ich darf Sie trösten, Ungeübte sind meist nicht in der Lage, diese Kopf-Nuss zu knacken. Der normale Arbeitsspeicher ist einfach nicht groß genug, um alle Informationen aufzunehmen und die Relationen (»Markus ist größer als Robert«) im Gedächtnis herzustellen. Aber man kann das Kurzzeitgedächtnis »überlisten«, wie, verrate ich im übernächsten Abschnitt.

**Unwissende Wissenschaftler bei der Sinfonie der Zahlen**

Wissenschaftler meinten noch vor wenigen Jahren, das menschliche Gehirn wäre aufgrund der Beschränktheit des Kurzzeitgedächtnisses nicht in der Lage, mehr als 15 bis 20 Ziffern abzuspeichern, wenn sie jeweils im Abstand von 0,5 bis 3 Sekunden vorgelesen werden. Diese Ansicht beruhte auf den Untersuchungen von Gedächtnisforschern der letzten 100 Jahre, die zahlreiche Gedächtniskünstler und mathematische Genies getestet hatten, die teilweise auch nachweislich einen extrem hohen IQ hatten. Seit Beginn der Gedächtnis-Weltmeisterschaften im Jahr 1991 gibt es nun genau diese Disziplin: »Spoken numbers«, bei der alle zwei Sekunden eine Ziffer vorgelesen wird. Im Jahr 2000 konnte ich in dieser Disziplin einen neuen Weltrekord aufstellen: Ich memorierte alle vorgelesenen 400 Ziffern ohne einen einzigen Fehler! Das führte nicht nur zur Abschaffung dieser Disziplin, sondern in der Presseverlautbarung stand: »... derart kann ein Mensch mit genialem IQ zehn Ziffern memorieren, wie hoch in aller Welt muss der IQ von Gunther Karsten sein, wenn er imstande ist, 400 Ziffern zu memorieren?«

Übrigens kennt jeder auch aus dem Alltag die Beschränktheit und auch »Verletzlichkeit« des Kurzzeitgedächtnisses. Man bekommt am Telefon eine Telefonnummer gesagt, hat aber nichts zum Schreiben. Also versucht man, sie sich so zu merken, wiederholt sie am Ende des Gesprächs noch mal, legt auf und repetiert sie nun ständig im Geist, während man auf dem Weg zu Papier und Bleistift ist. Da stürmt plötzlich der Partner mit der Frage nach der Uhrzeit herein, man antwortet spontan »halb sieben« und muss erschrocken feststellen: Die mühsam wiederholte Telefonnummer ist gänzlich vergessen!

## *Langzeitgedächtnis*

Erneut gibt es zwei Möglichkeiten für die jetzt im Kurzzeitgedächtnis vorhandene Information. Entweder sie verlischt, oder sie geht über ins Langzeitgedächtnis. Dieser bekannteste Gedächtnisspeicher hat drei wesentliche Eigenschaften.

**1. *Unbegrenzte Speicherdauer:*** Die Haltbarkeit der gespeicherten Information ist möglicherweise unbegrenzt. Viele Gehirnforscher sind der Ansicht, man könne im Grunde nichts vergessen, was einmal im Langzeitgedächtnis abgespeichert wurde. »Nanu, ich habe aber schon so manches von der Schulzeit vergessen« wird einem nun »durch den Kopf schießen«. Die Erklärung ist einfach: Das »Wissen« ist eigentlich noch vorhanden, nur leider kann man es nicht wiederfinden. Hier hilft zum Verständnis eine Analogie: Sortiert der Bibliothekar ein Buch in der riesigen Bibliothek falsch ein, so wird er es wohl kaum jemals wieder ausfindig machen können. Er weiß vielleicht noch, dass es mal vorhanden war, glaubt nun aber, dass es wohl entwendet wurde. Hätte er sich jedoch beim Einsortieren konzentriert, das ausgeklügelte bibliographische Einteilungssystem genutzt und das Werk am korrekten Platz abgelegt, so hätte er es ohne Frage wiedergefunden.

> **Tipp:** Ordnen Sie neue Information beim Abspeichern korrekt ein. Das heißt, nutzen Sie Kategorisierungsmuster im Geist. Diese schaffen Sie durch die Verknüpfung der zu lernenden Information mit bereits im Langzeitgedächtnis gespeichertem ähnlichem Wissensstoff. Dadurch entstehen im Gedächtnis immer größere »Wissensinseln«, die Sie zunehmend leichter »ansteuern« können. Bilden Sie zusätzlich möglichst viele Assoziationen mit themenfremdem Langzeitwissen, quasi als Wegweiser zum schnelleren Abrufen der Information.

Untermauern kann man das zum einen durch die faszinierenden Ergebnisse des Neurochirurgen Wilder Penfield, der durch elektrische Reizung bestimmter Gehirnareale (zum immensen Erstaunen der dabei wachen Patienten) tief verborgene Erinnerungen wieder ins Bewusstsein zurückholen konnte (wenn auch nur bei vier Prozent der operierten Personen und ohne Überprüfung der Authentizität der Erinnerungen); zum anderen sind auch in Hypnose versetzte Menschen in der Lage, Informationen hervorzuholen, die sie im normalen Bewusstseinszustand nicht haben abrufen können (allerdings konnte nicht der Beweis erbracht werden, dass jegliches Wissen wieder erinnert werden kann; und einige in Hypnose gemachte Aussagen haben sich als nachweislich falsch erwiesen).

**2.** ***Unbegrenzte Kapazität:*** Auch wenn das Funktionsprinzip der Abspeicherung im Gedächtnis noch nicht einmal in den Grundzügen wissenschaftlich aufgeklärt ist, so sind sich die Wissenschaftler in einem Punkt nahezu einig: Die Speicherkapazität des Langzeitgedächtnisses ist höchstwahrscheinlich unbegrenzt! Hier liegt ein weiterer wesentlicher Unterschied zur Festplatte des Computers, die irgendwann voll ist, weshalb man sich gerade bei großen Programmen Gedanken machen muss, ob man sie tatsächlich braucht. Beim Lernen müssen Sie sich diese Gedanken nicht machen – egal, wie viel Sie lernen, um vielleicht Millionen in den Wissensshows »abzusahnen«. Ihr Langzeitspeicher wird niemals voll sein (vielmehr wird das Lernen immer leichter gehen, je mehr Sie wissen). Diese schier unendliche Leistungsfähigkeit ist uns von Natur aus gegeben, doch wir müssen lernen, diese fast unbegrenzten Möglichkeiten durch richtige Strategien und Training nutzbar zu machen. Doch wie trainierbar ist unser Gehirn? Wie schon von vielen Kollegen erwähnt, lässt sich das Gehirn zumindest bezüglich einiger Aspekte durchaus mit einem Muskel vergleichen.

- So kann durch Training die Leistungsfähigkeit des Gehirns genauso wie beim Muskel gesteigert werden, allerdings (wie beim Muskeltraining) nur aufgabenspezifisch. Es gibt nämlich keinen Hinweis darauf, dass das Auswendiglernen von Gedichten die Merkfähigkeit für Chemieformeln verbessert (genauso wenig wie Gewichtheben die Ausdauer verbessert)! Es sei denn, man wendet die umfassende, allgemein gültige Methodik an, wie wir sie hier erlernen.
- Ferner gibt es Experimente, die nahe legen, dass eine höhere Leistungsfähigkeit in einem mentalen Bereich mit einem effizienteren, Energie einsparenden Arbeiten entsprechender Ge-

hirnareale einhergehen kann (so wie die Muskeln von Hochleistungssportlern sehr effektiv arbeiten).

- Des Weiteren gibt es Hinweise auf gewisse strukturelle Veränderungen (stärkere Vernetzung und vergrößerte Hirnareale) des Gehirns in besonders beanspruchten Hirnregionen durch mentale Belastung – Effekte, die auch beim trainierten Muskel zu beobachten sind. So stellten Hirnforscher bei langjährigen Londoner Taxifahrern fest, dass deren Region für das Ortsgedächtnis vergrößert war, und zwar war diese Vergrößerung des für die räumliche Orientierung zuständigen Hirnareals umso ausgeprägter, je länger die Taxifahrer ihren Beruf ausübten. Und Hirnareale im Schläfenlappen, in denen die auditive Verarbeitung von Informationen geschieht, waren bei Musikern mit dem so genannten »absoluten Gehör« doppelt so groß wie bei der Vergleichsgruppe.

Auch die Untersuchung meines Gehirns durch Kernspin-Tomographie und MEEG läuft noch an Universitäten in Tübingen und London, um die obige Fragestellung zu erhellen. Aber für die Praxis ist die Frage nach möglichen anatomischen Veränderungen im Gehirn irrelevant; denn Fakt ist: Um die Merkfähigkeit unseres Gehirns zu optimieren, müssen wir (wie schon angedeutet) unsere Software und ihre faszinierenden Möglichkeiten ausschöpfen sowie intelligente Merksysteme einsetzen.

**3. *Kurze Abrufzeit:*** Kaum jemand macht sich darüber Gedanken, welche fantastischen Prozesse ablaufen, um eine Frage wie: »Kennen Sie den Wimbledon-Sieger im Tennis von 1961?« prompt mit »Ja« oder »Nein« beantworten zu können. Wir haben enorm effiziente Mechanismen (Algorithmen), um diese Entscheidung mit großer Sicherheit in Sekundenbruchteilen treffen zu können; und das bei einer schier unvorstellbaren Datenmenge, die bei jedem Erwachsenen abgespeichert ist. Vermutlich mögen Sie hier einwenden, dass Sie doch manchmal Probleme haben, die gespeicherte Information abzurufen, insbesondere beim »Es-liegt-mir-auf-der-Zunge-Phänomen«. Trotzdem wissen Sie auch in diesem Fall, dass eine Erinnerungsspur vorhanden ist, nur finden Sie den Zugang nicht. Was Sie dann tun können, beschreibe ich ausführlich in einem späteren Kapitel.

## Wie Sie den »Flaschenhals« des Gedächtnisses erweitern

Sie sehen an der grafischen Abbildung zum Drei-Gedächtnisse-Modell (Seite 55), dass das Kurzzeitgedächtnis einen fatalen Flaschenhals beim Prozess des Lernens bildet. Jede Information, die in das Langzeitgedächtnis kommen soll, muss diesen Speicher passieren – bei einer großen Menge an Wissensstoff kann das enorm lange dauern. Wie überlisten Sie nun Ihr Kurzzeitgedächtnis?

Im Jahr 1956 veröffentlichte der Amerikaner George A. Miller seine umfangreichen Untersuchungen zur Kapazität des Kurzzeitgedächtnisses; er wies nach, dass die Aufnahmekapazität auf sieben plus/minus zwei Informationseinheiten beschränkt ist, die er auch Chunks (abgeleitet vom englischen Wort *chunk* für Brocken) nannte. Was ist aber eine Informationseinheit oder ein Chunk?

Diese Frage lässt sich nur sehr individuell beantworten – es hängt von Know-how und Erfahrung ab. Die vierstellige Zahl vom

Test zum Messen der Gedächtnisspanne war 6 3 7 8. Für einen normalen Menschen stellt diese Zahl beim Lernen vier Chunks dar: vier separate, in keiner Weise miteinander assoziierte Informationseinheiten. Für denjenigen jedoch, der weiß und erkennt, dass diese Zahl dem Radius des Erdäquators (6378 km) entspricht, bilden alle vier Ziffern zusammen genommen einen Chunk. Versuchen Sie sich nun am zweiten und dritten Beispiel: 40075 und 140379.

Na, hat bei Ihnen »die Glocke geläutet«? Die erste Zahl entspricht dem Umfang der Erde am Äquator, die sechsstellige Zahl ist das Geburtsdatum von Einstein. Erkannten Sie die Bedeutung, so wäre Ihr Kurzzeitspeicher wiederum nur jeweils mit einem Chunk belegt worden.

Gehen wir nun zur neunstelligen Zahl des Tests, bei der Sie bereits einen sehr hohen IQ bescheinigt bekommen würden, wenn Sie die neun Ziffern korrekt memorieren könnten: 3 0 5 2 7 2 6 3 5. Erkennen Sie hier irgendwelche Bedeutungen?

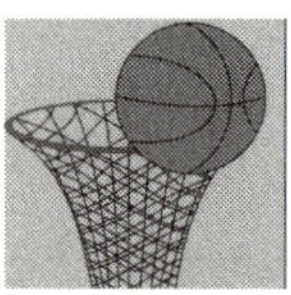

**305**

**272**

**635**

*Aus der Zahl 3 0 5 2 7 2 6 3 5 werden durch Wissen drei Chunks (Informationsbrocken)*

Hilfreich ist die Abbildung hierzu. 305 Zentimeter ist ein Basketballkorb hoch, 272 Zentimeter war der größte gemessene Mensch in der Medizingeschichte (der Amerikaner Robert Wadlow, 1940 gestorben) und 635 Kilogramm wog laut Guinness-Buch der Rekorde der schwerste Mann der Welt (der Amerikaner Jon Minnoch, 1978 gestorben). Mit Hilfe des Wissens dieser Daten macht Ihr Kurzzeitgedächtnis aus den neun Ziffern drei Chunks und lässt Sie bezüglich dieser Memorieraufgabe bereits zum Genie werden! Diesen Vorgang der Vergrößerung von Informationseinheiten bezeichnet man auch als Chunking.

**Tipp:** Wann immer Sie etwas lernen, nutzen Sie Ihr bereits vorhandenes Wissen und Ihre analytischen Fähigkeiten. Hierdurch vergrößern Sie die zu »verdauenden« Informationsbrocken und beschleunigen damit automatisch den Eintritt des Lernstoffs in das Langzeitgedächtnis; in der Folge erreichen Sie eine drastisch erhöhte Lerngeschwindigkeit!

Versuchen Sie bei der nächsten Aufgabe diesen Tipp anzuwenden. Sie haben etwa zehn Sekunden Zeit, um sich die 20-stellige Zahl einzuprägen:

**1 9 4 6 1 9 7 5 1 9 8 0 1 9 8 8 1 9 9 1**

Ohne Chunking eine nahezu unmögliche Aufgabe. Mit vollständigem Chunking ein »Kinderspiel«. Lassen Sie uns die verschiedenen Chunking-Niveaus durchlaufen: Ohne geschichtliches Wissen oder Erkennen gewisser mathematischer Strukturen liegen 20 Info-Happen vor (übrigens sind es noch wesentlich mehr Chunks, wenn man nicht einmal die Ziffern kennt und nur komplizierte Zeichensymbole darin sieht); versteht man zumindest die mathematische Struktur, dass jede zweite Doppelzahl eine 19 ist, so hat man nur etwa 13 Chunks zu memorieren. Erkennt man in den Zahlen geschichtliche Kriegsdaten, so reduzierte sich die Anzahl der Chunks weiter auf fünf. Letztlich kann man die 20-stellige Zahlenreihe durch »Vietnamkrieg – Golfkriege – Zeiträume« beschreiben – also durch etwa drei Chunks!

Oft sind wir durch die scheinbar fantastischen Leistungen von Schachspielern, Ärzten oder Managern verblüfft – doch im Grunde basieren diese Leistungen »nur« auf kolossalem Chunking!

## Mit Theorie zum Gedächtnis-»Tuning«

Nachdem wir nun ein anerkanntes theoretisches Modell für unsere Erinnerungsfähigkeit besprochen haben, stellt sich die Frage, wo unsere Lerntechniken und Merkmethoden ansetzen und was für Änderungen sie bewirken. Wir beschäftigen uns kaum mit dem Ultrakurzzeitgedächtnis, da es eine überwiegende Filterfunktion hat und auch in seiner Leistungsfähigkeit stark genetisch festgelegt ist.

Allerdings werden wir unser Kurzzeitgedächtnis besser nutzen, indem wir lernen, größere Chunks aufzunehmen und zu verarbeiten. An dieser Stelle möchte ich jedoch mit einem weit verbreiteten Irrglauben aufräumen: Das Kurzzeitgedächtnis kann auch durch Training nicht vergrößert werden; das soll heißen, die Zahl der

Chunks, die es aufnehmen kann, bleibt bei den bereits erwähnten sieben plus/minus zwei. Aber wie Sie bereits erfahren haben, können wir die Chunks in ihrem Informationsgehalt enorm vergrößern! Auch hier soll wieder eine kleine Analogie helfen: Stellen Sie sich einen Tisch vor, auf den Sie Bücher in einer Reihe hinlegen dürfen. Es passen auf diese Weise nur sieben Bücher auf den Tisch. Den Tisch verlängern ist Ihnen nicht möglich, also was machen Sie? Ja, Sie stapeln einfach Bücher aufeinander, zum Beispiel als Stapel von je zehn Bänden – und plötzlich haben Sie auf dem Tisch 70 Bücher platziert. Der Tisch ist noch derselbe, Sie haben ihn nur besser genutzt!

Durch das Chunking im Kurzzeitgedächtnis können umfangreichere und besser strukturierte Informationseinheiten ins Langzeitgedächtnis gelangen. Dieser entscheidende Engpass ist damit erweitert. Mit der relativ einfachen Chunking-Strategie können wir mehr Wissen in den Langzeitspeicher befördern und durch die Bindung an bekannte Daten auch wieder besser abrufen – der Output ist dramatisch verbessert. Das Einzige, was die Chunking-Methode voraussetzt, ist ein positives Verhältnis zu Zahlen und Daten und eine Lust, nach Analogien zu suchen – doch bin ich mir sicher, dass Ihnen durch die frappierenden Möglichkeiten der Anwendung zu fast jeder Zahlenkombination etwas einfällt: 906090 sind die Idealmaße eines Models, 216 vielleicht der traurige Tiefstkurs Ihrer Aktie, und bei 2006 muss man doch an die Fußball-WM denken, oder?

Schließlich »tunen« wir unseren Langzeitspeicher, indem wir dort die eingehende neue Information mit Hilfe von Assoziation, Fantasie oder Emotion fester und vielfältiger verankern und gleichzeitig leichter abrufbar machen.

Nicht zuletzt ist natürlich auch der Output verbessert – unser eigentliches Ziel: Durch mehr Wissen, sichere Abrufbarkeit und optimale Nutzung unseres Arbeitsspeichers werden Sie im entscheidenden Moment sich selbst und Ihrer Umwelt mehr mitteilen können und erstaunliche Erfolge erzielen.

Welche mentale Fähigkeit Sie dafür nutzen und weiter ausbauen werden, erfahren Sie im nächsten Abschnitt.

**Tierisch gute Gedächtnisleistungen!**

*Biologische Studien zeigen, dass ein gutes Gedächtnis keine typisch menschliche Eigenschaft ist. So entdeckte der New Yorker Neurophysiologe Eric Kandel, dass die Meeresschnecke Aplysia ein sehr sensibles Gedächtnis für unangenehme Berührungen hat. Ein zweimaliges Zwicken merkte sich die Schnecke nur einige Minuten, fünfmaliges Zwicken konnte die Schnecke dagegen mehrere Tage nicht vergessen.*

*Ein erstaunliches episodisches Gedächtnis zeigten Buschhäher in Fütterungsversuchen: Obwohl die Vögel eigentlich Schmetterlingsraupen lieber essen als Erdnüsse, griffen die Häher in Tests nicht zu den vor längerer Zeit eingegrabenen Raupen, sondern nahmen weiter mit den Nüsschen vorlieb. In ihrem episodischen Gedächtnis hatten sie offenbar abgespeichert, dass es keinen Sinn macht, nach den Raupen zu suchen – sie waren längst verschimmelt (eine Fähigkeit, die Menschen – betrachtet man manchen Kühlschrank – nicht immer besitzen).*

*Dem Elefanten-Gedächtnis machen die Dickhäuter alle Ehre: Verhaltensforscher in England fanden heraus, dass Elefanten bis zu 100 Artgenossen an ihrem Getröte erkennen. Den individuellen Ruf können die Rüsseltiere auch noch nach Jahren einem Bekannten zuordnen.*

*Und selbst die sprichwörtlichen Schafe sind nicht die Dümmsten: Bis zu 50 Gesichter von Artgenossen können sie sich merken.*

## Die sieben mentalen Fähigkeiten für ein Erfolgsgedächtnis

Es soll ja Menschen geben, die fühlen sich bei dem Begriff »Gedächtnistraining« an ihre Schulzeit erinnert. Schillers »Glocke« auswendig zu lernen, alle unregelmäßigen Verben im Französischen zu »büffeln« oder sich das chemische Periodensystem »reinzupauken« – ein traumatisches Erlebnis, das markantere Spuren im Gedächtnis hinterlassen hat als der eigentliche Lernstoff, den man ja längst vergessen hat. Dazu kommen die oftmals dramatischen Prüfungssituationen, in denen sich mitunter herausstellte, dass stupides Pauken eine grandiose Zeitverschwendung war. Nach solchen Kindheits- und Jugenderfahrungen sind viele nicht geneigt, ihr Gedächtnis für dieses geradezu schmerzliche Lernen zu trainieren!

Die gute Nachricht ist: Es gibt eine ganz andere Art des Lernens. Eine Methode, die Spaß bereitet! Eine erfolgversprechende Strategie, bei der Informationen einfach besser im Gehirn abgespeichert werden und jederzeit verfügbar sind. Mit diesen Memo-Techniken wird Lernen um ein Vielfaches effektiver und vergnüglicher als beim traditionellen Pauken.

Als angenehmen Nebeneffekt werden Sie bemerken, dass wir durch die im Buch beschriebenen Lerntechniken nicht nur unsere Gedächtnisleistung steigern. Viele andere mentale Fähigkeiten werden sich verbessern, die wir direkt oder indirekt durch den Einsatz beim Memorieren trainieren.

Das folgende Schaubild soll diese für unser neues Lernen erforderlichen Faktoren, die ich Mentalfaktoren nenne, grafisch zusammenfassen:

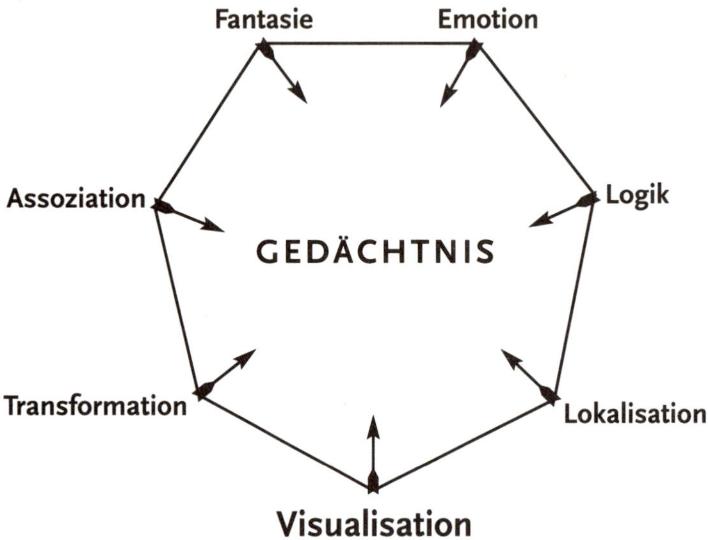


*Heptagramm der mnemotechnischen Mentalfaktoren*

Lassen Sie mich diese sieben Mentalfaktoren im Einzelnen näher erläutern, die auch die Basis der Jahrtausende alten Mnemotechnik darstellen (von der griechischen Göttin Mnemosyne abgeleitet, bedeutet Mnemonik »Gedächtniskunst«).

**Transformation:** Das Transformieren soll uns helfen, schwer Verdauliches in leckere Lernhappen »umzuwandeln«. Oft haben wir es beim Lernen mit abstrakter Information zu tun, zum Beispiel Zahlen oder auch schwierigen Vokabeln. Wahrscheinlich aufgrund der Verarbeitungsprozesse unseres Gedächtnisses ist es für jeden Menschen schwer, sich solche abstrakten, also unanschaulichen Informationen einzuprägen. In diesem Fall führt man vor dem eigentlichen Lernen eine Transformation durch, man wandelt den theoretischen in einen anschaulicheren Lernstoff um und speichert diesen dann ab: Wenn es Ihnen gelingt, sich die Ordnungszahl 92 des chemischen Elements Uran besser zu merken, weil ein lieber Ur-Ahn von Ihnen mit 92 Jahren gestorben ist, dann haben Sie die abstrakte Zahl durch den emotionsgeladenen Zusammenhang erfolgreich transformiert.

**Assoziation:** Mit diesem Begriff wird die Fähigkeit bezeichnet, Verbindungen zwischen unterschiedlichen Informationen herzustellen. Es ist allgemein anerkannt, dass durch den Prozess des Assoziierens Lernstoff leicht aufgenommen wird und auch länger abrufbar bleibt. Gleichzeitig wird dabei die Intelligenz geschult, da es manchmal ganz und gar nicht offensichtlich ist, wie man zwei Begriffe, die scheinbar nichts miteinander zu tun haben, miteinander gedanklich verbinden soll. Aber durch intelligentes, differenziertes Denken wird man immer eine für das Einprägen hilfreiche Assoziationsmöglichkeit finden.

Es sei hier noch anzumerken, dass man beim assoziativen Lernen zwei Bereiche unterscheiden muss: Zum einen kann man Assoziationen zwischen den neu aufzunehmenden Lerneinheiten kreieren und so eine schnellere Abspeicherung des entstandenen Wissenskomplexes erreichen; oder man schafft eine Assoziation zwischen dem zu lernenden Material und bereits im Langzeitgedächtnis abgespeichertem Material. Übrigens ist Letzteres die Erklärung dafür, warum man umso leichter lernt, je mehr man weiß – viel abgespeichertes Wissen führt zu vielen Assoziationsmöglichkeiten: Wenn man in dem Pin-Code 9871 die Jahreszahl der französischen Revolution (rückwärts gelesen) erkennt, dann ist das eine gelungene Assoziation!

**Fantasie:** In vielen Schulen, Universitäten und Fortbildungsinstituten wird der Fehler gemacht, den Lernstoff stets auf das Wesentliche reduzieren zu wollen. Aber dieser reduktive Ansatz beraubt uns um die unermessliche Kreativität unseres Geistes. Schließlich hat unser Gehirn in Hunderttausenden von Jahren gelernt, Unwichtiges vom Wichtigen zu trennen. Aber um die Bedeutung einer Information zu erhöhen, ist das Anregen unserer Sinne entscheidend, und zum langzeitigen und geschmeidigen Behalten ist das Hinzufügen von fantasievoller Information immens hilfreich. Es ist fast wie bei Geschenken, so manches Mal verhilft erst die wundervolle Verpackung dem Geschenk zu wahrer Vollkommenheit. Auch Sie werden im Verlauf des Buches erfahren, wie fantasievolles Lernen zu einem »fantas«-tischen Gedächtnis führt. Wenn Sie sich beispielsweise *torche,* das französische Wort für »Fackel«, einprägen wollen, indem Sie sich einen Storch vorstellen, der die Fackel im Schnabel trägt, dann gratuliere ich zu Ihrer Fantasie-Leistung.

**Emotion:** Dieser Faktor bedarf kaum der weiteren Erklärung. Jeder weiß, dass Informationen oder Ereignisse über lange Zeit – manchmal (leider) ein Leben lang – in Erinnerung bleiben, wenn sie starke emotionale Empfindungen hervorgerufen haben. Hirnforscher finden immer mehr Beweise, dass Gefühle eine zentrale Rolle beim Erinnern spielen. Man kann fast behaupten, dass Emotionen als perfektes Fixiermittel oder Kleber für Informationen fungieren. Diesen Umstand machen wir uns beim Lernen zunutze, indem wir bewusst emotionale Bilder in das zu lernende Material integrieren. Dabei können wir die gesamte Palette unserer Gefühlsregungen nutzen, die uns von der Natur gegeben sind: Humor, Zorn, Leidenschaft, Grusel, Erotik, Furcht etc. Wenn es Ihnen leicht fällt, sich den Begriff »aride Trockenzone« für einen Vortrag einzuprägen, wenn Sie an den schrecklichen Durst in der Wüste oder an das Death Valley denken, haben Sie das Emotions-Prinzip perfekt umgesetzt.

**Logik:** Der beste Weg, Lernmaterial abzuspeichern, ist sicherlich, ein logisches Verständnis für den Sachverhalt zu entwickeln. Leider ist das nicht immer möglich. Entweder wäre es zu langwierig, die tiefen Zusammenhänge zu verstehen; oder – was häufiger ist – dem Lernmaterial liegt überhaupt keine Logik zugrunde, wie z. B. bei Vokabeln oder Namen. Haben wir jedoch das Lernmaterial durch die vorher beschriebenen Schritte in der richtigen Art und Weise aufbereitet, sind wir fast immer in der Lage, unsere Logik und Kombinationsgabe zur noch intensiveren Abspeicherung einzusetzen: Eine digitale Ziffernfolge wie 101001000100101 können Sie sich spontan besser merken, wenn Sie die auf- und absteigende Folge der Nullen erkennen – Gratulation zu Ihrem Logik-Blick!

**Lokalisation:** Dieser mentale Schritt beim Lernen von neuem Material ist für Sie wohl der unbekannteste und doch der älteste methodische Weg, um Wissen so abzuspeichern, dass es nicht nur lückenlos, sondern auch in einer ganz bestimmten Reihenfolge aus dem Gedächtnis abgerufen werden kann. Hierzu »verorten« wir das Lernmaterial, das heißt, wir verankern es beim Lernen an einem ganz bestimmten Ort (lat. *locus* = Ort, Stelle, Platz) einer uns bekannten Umgebung. Dort können wir es dann, wenn wir das Wissen wiedergeben sollen, gezielt lokalisieren und abrufen.

Diese unglaublich gut funktionierende Hauptmethode wird

später noch genauer erklärt. Sie wird wohl aber bereits verständlich, wenn Sie sich überlegen, was Sie tun, wenn Sie zum Beispiel Ihren Schlüssel in Ihrem Heim verlegt haben und die hektische Phase des ziellosen Herumsuchens hinter sich haben. Dann werden Sie nämlich im Geist durch die Räume und an die Stellen gehen, wo Sie waren, als Sie den Schlüssel noch hatten, und werden mental nachvollziehen, ob Sie ihn an den jeweiligen Orten abgelegt haben. Meist kommt einem dann der erlösende Gedankenblitz!

**Visualisation:** Diese phänomenale Fähigkeit des Menschen, im Geist Bilder entstehen zu lassen, die gar nicht in der wirklichen Welt durch unsere Sinnesorgane wahrgenommen werden, ist nicht nur der abschließende, sondern vielleicht auch der wichtigste Schritt, um unbegreifliche Gedächtnisleistungen zu erreichen. Alle Lerninhalte werden mit Unterstützung der oben aufgeführten Mentalfaktoren so deutlich wie möglich als »mentales Bild« vorgestellt und in dieser Gestalt vom Gedächtnis abgespeichert. Warum? Nun, weil jeder von uns eine immense Fähigkeit hat, bildhafte Informationen abzuspeichern.

So haben Sie vielleicht auch schon festgestellt, dass sich Telefonnummern oftmals besser im Gedächtnis memorieren lassen, wenn man sich das Muster beim Eintippen auf dem Tastenfeld einprägt – ein sehr nützliches Beispiel für Visualisation!

Diese enormen visuellen Speicherfähigkeiten unseres Gehirns wurden bereits 1973 von dem kanadischen Professor L. Standing in einem mittlerweile klassischen Experiment gezeigt: Den Versuchspersonen wurde alle fünf Sekunden ein klares und aussagekräftiges Bild vorgelegt – und zwar insgesamt 1000 Bilder. Dann wollte man wissen, wie viele sie sich davon hatten einprägen können. Man gab ihnen im zweiten Teil des Experiments jetzt immer zwei Bilder gleichzeitig zur Ansicht, von denen das eine ganz neu war und das andere bereits im ersten Versuchsteil gezeigt worden war. Das Ergebnis war verblüffend: Im Durchschnitt erinnerten sich die Probanden an 992 von den 1000 Bildern! Führte man jedoch dieses Experiment in entsprechender Weise mit Wörtern durch, so lag der Erinnerungsgrad nur bei 70 Prozent. Dies ist der Grund, warum Sie bei jedem Lernen unbedingt Ihre Visualisationskraft zu Hilfe nehmen sollten. Ferner sollte das in Ihrem Kopf

**Kostprobe vom Gedächtnis als Vorspeise**

*Als ich meiner Bekannten Catherine M. erzählte, dass ich derzeit ein Buch über neue Methoden des Gedächtnis-Trainings verfasse, erzählte sie mir ihre eigene Gedächtnis-Erfolgsgeschichte: Nachdem Catherine, sie arbeitet als Journalistin in London, vor Jahren ein Buch über Gedächtnis-Training in die Hände bekam, bemerkte sie, dass schon ein wenig Übung erstaunliche Folgen hatte. So gelang es ihr immer besser, gelesene Texte zu behalten und Zahlen zu memorieren. Als sie eines Abends in einem Lokal saß, sagte sie im Scherz zu ihrem Begleiter: »Wenn ich mir nach einmaligem Durchlesen alle Gerichte und Preise merken könnte – würden Sie mich einladen?« Ihr Begleiter ließ sich auf die spektakuläre Demonstration ein, Catherine spulte sämtliche Gerichte der umfangreichen Speisekarte vom Nizza-Salat für 15,90 über das Entrecote Provencale für 32,90 bis zur Panna Cotta für 7,90 herunter und konnte ihren Geldbeutel stecken lassen. Übrigens hat Catherine schon viel Geld mit dem Speisekarten-Merken gespart. Seit Jahren gibt sie auch in sehr teuren Restaurants immer wieder eine Gedächtnis-Kostprobe ab.*

entstehende »Mentalbild«, welches quasi stellvertretend für den mehr oder minder abstrakten Lernstoff steht, nicht nur von optischer Natur sein, vielmehr sollten Sie – wenn immer möglich – alle Sinnesmodalitäten in Ihr Mentalbild einbauen, also auch Töne oder Gerüche.

## *Wiederholen nur mit Geist*

Sie mögen sich fragen, warum der Begriff »Wiederholen« nicht als ein Faktor im Diagramm zur Leistungsverbesserung des Gedächtnisses aufgeführt ist. Wenn man die sieben Faktoren beim Einprägen von Informationen beachtet, verliert der Vorgang des Wiederholens tatsächlich an Bedeutung. Als Beweis hierfür memoriere ich in meinen Seminaren meistens eine 50-stellige Zahl in etwa zwei Minuten. Das läuft dann so ab, dass die Teilnehmer mir 25 zweistellige Zahlen kurz zurufen und ich diese dann nach nur einmaligem Hören fehlerfrei wiedergebe. Sie hatten im Gedächtnistest selber die Möglichkeit, Zahlen zu memorieren. Ich kenne Ihr Ergebnis nicht, doch überlegen Sie selber, wie viel Zeit Sie für diese Memorieraufgabe benötigen würden und wie entsetzlich häufig Sie die Zahlen wiederholen müssten, um sie ohne einen einzigen Fehler wiedergeben zu können!

Eine weitere kleine Aufgabe soll Ihnen deutlich machen, dass reines stupides Wiederholen ohnehin für das Lernen erwiesenermaßen nutzlos ist (und doch machen dies Millionen von Schülern täglich): Jeder von Ihnen hat in seinem Leben wahrscheinlich schon viele Hundert Mal ein Tastaturtelefon benutzt und ebenfalls unzählige Male einen Taschenrechner. Versuchen Sie nun (ohne zu spicken), in die aufgeführten Tastenfelder die Ziffern bzw. Zeichen einzutragen, so wie Sie es für richtig halten.

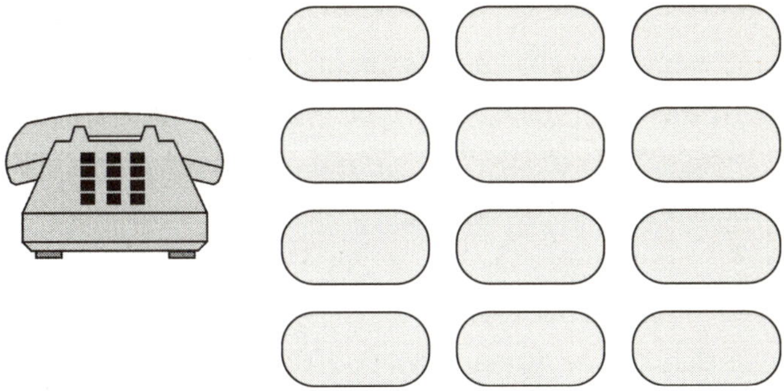

Na, wie hat es geklappt? Um die Treffer-Quote zu bestimmen, greifen Sie einfach zum Taschenrechner und Telefon (die Geräte haben fast immer die gleiche Tastaturanordnung, mit wenigen Ausnahmen bezüglich der Sonderzeichen). Ich vermute, Ihnen ging es wie den 300 Studenten der Universität Dresden, denen Professor Rinck diese Aufgabe im Jahr 1999 stellte. Nur 50 Prozent konnten die Telefontastatur korrekt wiedergeben; und gar nur 20 Prozent kannten die Tastatur des Taschenrechners vollständig.

Warum fällt uns diese Aufgabe so schwer, obgleich wir nach tausendfacher Wiederholung doch erwarten dürften, das Wissen auch parat zu haben? Die Antwort ist einfach: Wenn Wiederholung unbewusst geschieht und nicht gleichzeitig eine geistige Verarbeitung oder Prozessierung des Lernmaterials abläuft, ist jede Sekunde des Lernens verschwendet. Wenn jedoch bei der erstmaligen Aufnahme des Materials die mentale Prozessierung so intensiv ist, wie wir es durch Transformation, Assoziierung, den Einsatz von Fantasie, »Emotionsbeladung«, logisches Kombinieren, Lokalisierung und Visualisierung erreichen, ist das Wiederholungslernen kaum erforderlich; lediglich für eine extrem langzeitige und dauerhafte Abspeicherung ist ein Wiederholen des Lernmaterials in ganz bestimmten zeitlichen Abständen notwendig (später mehr dazu).

# Zahlen, Zahlen, Zahlen – kein Problem!

Dass man sich in Zeiten von Internet, Taschenrechner und Mobiltelefon keine Zahlen mehr einprägen muss, ist für viele eine Wunschvorstellung – und es bleibt eine Illusion, die technischen Hilfsgeräte würden uns von jeglichem Zahlensalat befreien. Gerade beruflich und privat sehr engagierte Zeitgenossen sind darauf angewiesen, eine ganze Litanei von Zahlen, Daten und Codes parat zu haben, ohne in irgendwelchen Notizbüchern oder Mini-Rechnern nachzusehen. Schon ein simpler Auftrag, per Telefon-Banking ausgeführt, verlangt mitunter eine ganze Zahlensammlung: Kontonummer, Bankleitzahl und die Wertpapierkennnummern, wenn Sie Ihr Aktiendepot verändern wollen. Folgende Aufstellung zeigt Ihnen, wie vielfältig wir mit Zahlen im privaten Lebensbereich und im Beruf konfrontiert sind. Und es wird tatsächlich von uns erwartet, dass wir uns viele, viele Zahlen eingeprägt haben und sie auch immer präzise abrufen können – der Blumenstrauß am falschen Tag kann fatale Folgen haben, wenn der Hochzeitstag statt am 3. 4. am 4. 3. ist oder gar ganz vergessen wurde!

Eine weitere Bemerkung, die ich oft zu hören bekomme, ist: »Mit Zahlen habe ich kein Problem, die kann ich mir gut merken!« Ich muss dann immer schmunzeln, da die Leute sicherlich irgendwo Recht haben, denn sie kommen zu ihrer Meinung, weil sie sich mit Freunden, Bekannten und Kollegen im persönlichen Umfeld vergleichen (ich selbst war vor Jahren der Überzeugung, ich hätte

**BERUF**

Budgetdaten
Verkaufszahlen
Firmendaten
Aktienkurse
Preisspannen

**Termine**
*(Tage, Uhrzeiten)*
Jubiläumsereignisse
Telefonnummern

Sozialversicherungsnummer
Personalausweisnummer
Kreditkartennummern
Geheimnummern
*(zum Beispiel für Tresore)*
PIN-Codes
Krankendaten
*(zum Beispiel Impfzeitpunkte)*
Zahlen des Allgemeinwissens
*(zum Beispiel Umfang der Erde)*
Geschichtsdaten
Sportergebnisse
Lottozahlen

Persönliche Jahresdaten
Kleidergrößen
**Geburtstage**
Autokennzeichen
Hausnummern
**Hochzeitstag**

**PRIVAT**

ein sehr gutes Zahlengedächtnis); aber leider wissen sie noch nicht, wie gut ein Zahlengedächtnis eigentlich sein kann, wenn man die richtigen Techniken erfahren und ein wenig geübt hat.

Fakt ist: Zahlen ohne System zu memorieren ist wie ein Leben lang ohne Einkaufstasche einkaufen zu gehen; es geht ohne, aber es geht so viel einfacher und sicherer mit! Spätestens nach einigen wenigen Stunden sind sie dann gänzlich überzeugt.

## Merken mit System

Zahlen sind abstrakte Informationseinheiten. Normalerweise rufen sie keine mentalen Bilder hervor, und sie werden beim Einprägen auch kaum in irgendeiner Weise assoziierend oder verknüpfend verarbeitet. Es gibt nur eine Ausnahme: Menschen, die auch ohne die nachstehend beschriebenen Zahlensysteme ein beachtliches Zahlensystem haben – von Zahlen faszinierte mathematische Genies. Denn für diese Menschen ergeben sich nahezu ganz automatisch zahlreiche assoziative Verknüpfungen mit bereits abgespeichertem Wissen, sodass sie auch recht große Zahlen gut abspeichern können. Ein Beispiel ist die Zahl 287496. Erkennen Sie etwas? Wohl kaum, sonst wären Sie sicherlich schon mal im Fernsehen zu sehen gewesen. Nun, diese Zahl ist das Ergebnis aus 66 x 66 x 66. Dies ist leicht zu memorieren, aber erst mal muss man darauf kommen.

Ich nehme jedoch nicht an, dass Sie sich jahrelang mit mathematischen Operationen beschäftigen wollen, um Ihr Zahlengedächtnis zu verbessern. Nun, zum Glück gibt es viel schnellere Möglichkeiten, Zahlen leichter abzuspeichern. Nehmen Sie eine

Transformation (einer der sieben Mentalfaktoren) vor, und Sie sind dann in der Lage, Ihre grenzenlose Fantasie zum Memorieren auch langer Zahlenreihen einzusetzen.

## *Zahlen-Form-System*

Das einfachste und für Einsteiger am besten geeignete System zur Umwandlung (Transformation) von Zahlen ist das Zahlen-Form-System. Die Basis zum Auffinden von anschaulichen Begriffen ist die Form der zehn Ziffern von 0 bis 9. Jede einzelne Ziffer lässt eine oder vielleicht auch mehrere Ideen in uns entstehen, welcher Gegenstand aus unserer Umwelt die Form der Ziffer in sich birgt. Schon hier beginnt unser die Fantasie und Kreativität steigerndes Training. Überlegen Sie selber kurz, bevor Sie unten auf meine Vorschläge schauen.

**0**

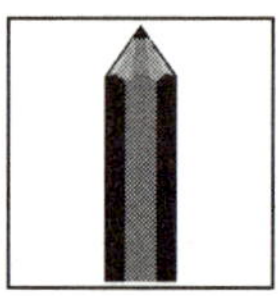
**1**

**2**

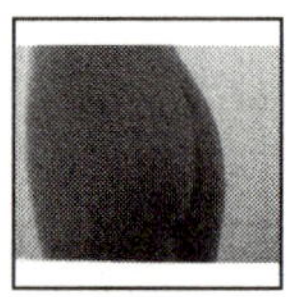
**3**

**4**

**5**

**6**

**7**

**8**

**9**

Es ist nicht wichtig, welche Ersatzbilder Sie für die Ziffern verwenden, solange diese anschaulich sind und Ihnen schnell und eindeutig für die Ziffern einfallen. Mit diesem Rüstzeug im Rucksack können wir uns zum Beispiel beim Einprägen einer Telefonnummer auf eine mentale Reise begeben und so die Zahl als Bildgeschichte abspeichern. Lassen Sie mich diese Methode anhand folgender Telefonnummer näher erläutern:

## 1. Telefonnummer

6 7 2 0 3 1

Der Trick ist, für diese Telefonnummer eine möglichst interessante Geschichte zu erfinden. Es gibt davon unendlich viele, eine davon wäre vielleicht folgende:

Ein Golfspieler (6) zielt auf eine Fahne (7). Doch der Ball fliegt so weit, dass er in einem See mit Schwänen (2) landet. Also setzt er sich in seinen Jeep mit Vierrad-Antrieb (0), um dorthin zu fahren. Gerade will er den Ball aus dem See fischen, da taucht eine wunderschöne Frau mit einem wohlgeformten Po (3) auf. Da der Golfspieler äußerst entzückt und auch Künstler ist, zieht er einen Bleistift (1) aus der Tasche, um die Frau zu zeichnen.

Eine solche Geschichte für eine Zahlenreihe zu kreieren mutet verrückt an, doch es funktioniert! Wesentlich ist, dass Sie sich diese Bildgeschichte in allen möglichen Einzelheiten vorstellen. Am besten auch mit allen Sinneseindrücken, die die Geschichte emotional aufwerten: Sie sehen nicht nur den Golfspieler, sondern hören auch den Abschlag des Golfballs, spüren die Angst der verscheuchten Schwäne. Sie riechen das Reifengummi und fühlen die Nässe des Wassers, wenn Sie als Golfspieler nach dem Ball ins Wasser greifen.

**Tipp:** Versuchen Sie sich immer auch selbst als Hauptakteur in »Memoanekdoten« zu integrieren; die Geschichte gewinnt für Sie dadurch an Bedeutung und ermöglicht Ihnen zusätzlich die Gedächtnisleistung steigernde Emotionen zu entwickeln.

Welche mnemotechnische Mentalfaktoren haben wir zur Abspeicherung dieser Telefonnummer eingesetzt? Zuerst haben wir eine Transformation von Zahlen in Begriffe vorgenommen, dann haben wir die einzelnen Begriffe nach der vorgegebenen Reihenfolge miteinander assoziiert, und zwar unter Nutzung unserer Fantasie. Verstärkend haben wir Emotionen entstehen lassen – Ärgernis über den verunglückten »Holzhacker«-Schlag oder eine gewisse erotische Erregung durch den Anblick des Frauenpos (Frauen können – und sollten sich sogar – einen Männerpo vorstellen!). Die Logik kam auch nicht zu kurz, denn Begriffe, die auf den ersten Blick nichts miteinander zu tun haben, wurden zu einer logischen Abfolge miteinander verknüpft. Schließlich sollten wir die Geschichte mit aller Deutlichkeit visualisieren. Lediglich die Lokalisation haben wir nicht durchgeführt, da es wegen der Verknüpfung der Zahlenbilder zu einer Geschichte nicht erforderlich war. Dass der Mentalfaktor Lokalisation eine Alternative zum Fabulieren darstellt, werden Sie später erfahren.

Hoffentlich erkennen Sie jedoch, dass wir nicht nur unsere Memorierfähigkeit trainiert haben, sondern ein ganzes Arsenal von geistigen (kognitiven) Fertigkeiten. Versuchen Sie es mit der nächsten Telefonnummer selbst einmal und schreiben Sie diese auf.

## 2. Telefonnummer

9 0 5 1 8 4

*Ihre Telefonnummer-Geschichte:*

Nachfolgend sehen Sie meinen Geschichtenvorschlag; doch ist meine Geschichte nicht der Maßstab. Ihre mag kreativer, fantasievoller oder logischer sein, das wäre prima. Und wenn Sie sie dann noch klar visualisieren, sollte Ihnen die Telefonnummer noch lange in Erinnerung bleiben.

Meine Geschichte: Sie sind Sherlock Holmes und inspizieren mit der Lupe (9) den Reifen (0) der verdächtigen Person. Plötzlich sehen Sie den Haken (5) an dem ganzen sonderbaren Fall. Sie machen sich mit Ihrem Stift (1) eine Notiz und erkennen mit dem Blick auf Ihre (Sand-)Uhr (8), dass die Zeit abläuft – der Verdächtige ist der Mörder und versucht, mit seinem Segelboot (4) zu fliehen.

Versuchen Sie sich noch einmal an einer Telefonnummer. Zwar ist dieses Zahlen-Codiersystem ein recht beschränktes und umständliches System, das wir gleich durch ein wesentlich effektiveres ersetzen, doch sollten Sie schon jetzt Ihre mnemotechnischen Mentalfaktoren – vornehmlich Fantasie und Visualisation – trainieren.

## 3. Telefonnummer

**4 8 2 7 6 5**

*Ihre Telefonnummer-Geschichte:*

## Zahl-Reim-System/Zahl-Symbol-System

Bevor ich zum wirkungsvollsten Zahlen-Memoriersystem komme, möchte ich der Vollständigkeit halber noch zwei weitere bekannte Zahlen-Transformations-Systeme vorstellen.

Beim Zahl-Reim-System versucht man für jede Ziffer von 0 bis 9 ein Wort zu finden, das sich auf die Ziffer reimt. Beim Zahl-Symbol-System sucht man dagegen nach einem Objekt oder einer Situation, das/die typischerweise für die Ziffer steht. Auch hier können Sie selber kurz überlegen, bevor Sie sich durch meine Vorschläge zu sehr beeinflussen lassen.

| | **0** | **1** | **2** | **3** | **4** |
|---|---|---|---|---|---|
| ***Zahl-Reim-System*** | Mull | Bein | Blei | Brei | Bier |
| ***Zahl-Symbol-System*** | 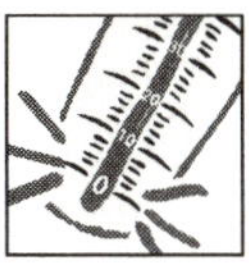 |  |  |  |  |

| | **5** | **6** | **7** | **8** | **9** |
|---|---|---|---|---|---|
| ***Zahl-Reim-System*** | Strumpf | Schecks | Sieben | Schlacht | Scheune |
| ***Zahl-Symbol-System*** |  |  |  |  |  |

Wenn Sie sich für ein solch einfaches Codiersystem entscheiden, ist es egal, welches Sie verwenden; Sie könnten auch Begriffe verschiedener Systeme miteinander kombinieren, wenn Ihnen bestimmte Begriffe einzelner Systeme besonders gefallen, und so ein auf Sie zugeschnittenes individuelles Zahlensystem zusammenstellen. Wichtig ist nur, dass Sie es so oft wie möglich für das Memorieren von Zahlen einsetzen, damit Sie es bald automatisch verwenden.

Wer jedoch wirklich ein überragendes Gedächtnis für Zahlen entwickeln will, sollte das nachstehend beschriebene Master-System erlernen.

**Kein Vertrauen ins Gedächtnis!**

*Im Münchner Englischen Garten spielte ich mit meinem Freund Felix Fußball. Dabei kam er ins Schwitzen und legte sein Jackett auf die Wiese. Plötzlich wurden wir von einem hellen Aufschrei aus unserer Bolzerei gerissen: Ein Hündchen entleerte sich auf dem Jackett meines Freundes. Der Besitzerin des frechen Köters war es äußerst peinlich, und sie versprach, die Angelegenheit durch ihre Versicherung bereinigen zu lassen. Aber weder Visitenkarte noch Stift und Papier waren zur Hand. Natürlich schlug mein Freund vor (denn er kennt mein Hobby), dass ich mir ihre Telefonnummer einpräge, um sie dann anrufen und die delikate Angelegenheit regeln zu können.*

*Kommentar der Hundebesitzerin: »Ich habe aber eine äußerst komplizierte, siebenstellige Nummer, da werden Sie sich schwer tun.« Wir mussten schon etwas auf sie einreden, bevor sie dann schließlich – wenn auch ganz ungläubig und sehr langsam – die einzelnen Ziffern aufsagte und ging. Jetzt konnten wir endlich unser Spiel ungestört fortsetzen – so dachten wir. Eine Viertelstunde später kam die Dame wieder und überreichte uns ein Zettelchen, auf dem feinsäuberlich ihre Telefonnummer stand!*

### *Zahlen können kochen!*

Bevor ich dieses ausgeklügelte Master-System erkläre, möchte ich Ihnen mit einer kleinen Spielaufgabe das Prinzip, auf dem es beruht, verständlich machen. Versuchen Sie, sich in fünf Sekunden folgende 20-stellige Zahl einzuprägen:

**2 7 1 9 5 1 2 7 6 2 0 9 7 1 0 3 7 7 9 1**

Ich weiß, ich möchte zu viel von Ihnen. Diese Aufgabe kann nur eine Hand voll Menschen auf unserem Erdball bewältigen! Aber wie sieht es mit folgender Aufgabe aus? Versuchen Sie nun, folgenden Satz in der gleichen Zeit von fünf Sekunden zu lernen:

***Nackte Piloten kochen Spaghettis im Cockpit***

Na, war das nicht wirklich leicht? Und doch haben Sie im Grunde wieder die obige Zahl memoriert, nur war Ihnen nicht bewusst, dass dieser Satz die 20-stellige Zahl verbirgt. Wie die Umwandlung der unmöglich so schnell zu lernenden Zahl in diesen semi-erotischen Satz funktioniert? Einfach weiterlesen!

## Master-System: Werden Sie Master der Zahlen

Obgleich die bisher vorgestellten Zahlen-Codiersysteme für den Anfang unseres Trainings gut geeignet sind, um Fantasie und Kreativität in sich zu entdecken und weiter zu entwickeln, sind sie doch ein bisschen umständlich. Da wir nur eine Ziffer zu einem Begriff codieren, müssen wir uns schon für eine siebenstellige Telefonnummer einen mitunter verqueren Miniatur-Roman überlegen.

Wesentlich effizienter ist das Master-System. Dieses System soll seinen Ursprung im Jahr 1648 haben und von einem Herrn J. Winkelmann aus Marburg in seinen Grundzügen entwickelt worden sein (dessen System übrigens auch der Philosoph Gottfried Wilhelm Leibniz gelernt hat). In den Jahrhunderten darauf wurde es dann vom deutschen Mönch Gregor von Feinaigle (Konstanz) verbessert, wobei die bekannteste und hier dargestellte Version von Aimé Paris stammt, einem Gedächtnisexperten des 19. Jahrhunderts aus Frankreich. Zahllose Gedächtniskünstler (die zum Teil schon vor 150 Jahren in New York Gedächtnisshows vor Tausenden von Leuten gemacht haben) und alle Gedächtnissportler der heutigen Zeit verwenden ein entsprechendes System zum Memorieren von Zahlen. Es kann also so schlecht nicht sein!

Der Grundgedanke des Master-Systems ist die Codierung der einzelnen Ziffern von 0 bis 9 zu Konsonanten, wobei bei der Zuordnung nach Möglichkeit auf die Ähnlichkeit der Form oder anderer Merkhilfen geachtet wurde. Die vollständige Codierung sehen Sie in der Tabelle gegenüber.

Da wir mehr Konsonanten als Ziffern haben, sind einige Ziffern mehrfach codiert, wobei vornehmlich der Klang über die Mehrfachzuordnung entscheidet. So klingt das b ähnlich wie ein p und codiert ebenfalls 9. Gleichfalls klingt d ähnlich wie t und stellt ebenso einen Codierkonsonanten für 1 dar.

Mit Hilfe der Ziffer-Konsonanten-Codierung lassen sich nun spielend Wörter bilden: Wenn die Ziffer 1 durch »t« repräsentiert wird und die Ziffer 4 durch »r«, dann muss man nur eine Prise Kreativität anwenden, um die Konsonanten »t« und »r« zu einem Begriff zu erweitern: Wie wäre es mit TIER, TOR oder TEER, schon haben wir passende Bilder für die Zahl 14.

| *Ziffer* | *Haupt-konsonant* | *Merkhilfen* | *weitere Konsonanten* |
|---|---|---|---|
| **0** | z | 0 ist im Roulette »**Z**ero« | s, ß |
| **1** | t | 1 hat einen Strich wie **t** | d |
| **2** | n | **n** hat zwei Striche nach unten | – |
| **3** | m | **m** hat drei Striche nach unten | – |
| **4** | r | **r** ist der letzte Buchstabe von vier | – |
| **5** | l | **L** ist das römische Zahlen-zeichen für 50 | – |
| **6** | sch | die ersten drei Konsonanten von »**sech**s« | ch, j, weiches c |
| **7** | k | sie sehen etwas ähnlich aus | ck, g, hartes c |
| **8** | f | (das altdeutsche) **f** ist ähnlich zu 8 | v, w, ph |
| **9** | p | **p** ist das Spiegelbild zu 9 | b |

Mit dieser Umwandlung von Ziffern zu Konsonanten und der Erweiterung zu Wörtern/Begriffen entwickeln wir für alle Zahlen von 0 bis 99 einen Master-Begriff. Dieser möglichst anschauliche Master-Begriff steht dann immer und unabänderlich für die Zahl. So bedeutet für mich die Zahl 94 »Bier«; oder anders ausgedrückt, Bier ist für mich der Master-Begriff für die Zahl 94.

Am Ende des Kapitels finden Sie eine Auflistung von allen 100 Master-Begriffen für die Zahlen von 0 bis 99 meines eigenen Master-Systems. Sie können es so übernehmen, denn ich habe es über Jahre hinweg stetig verbessert und fortentwickelt. Wenn Sie allerdings Ihr eigenes Master-System entwickeln wollen, oder einige Begriffe meines Gesamtsystems für verbesserungswürdig halten, so sollten Sie noch ein paar Regeln beachten, und schon schaffen Sie die Grundlage für ein sehr hilfreiches Merksystem, mit dem sich erstaunliche Zahlenfolgen einprägen lassen.

### *Regeln zum Erstellen des Master-Systems*

Sieben Regeln werden Ihnen verdeutlichen, wie Sie zuverlässige Master-Begriffe finden können. Bitte beachten Sie, dass meine vorgeschlagenen Begriffe nur Beispiele sind und Sie später für sich möglicherweise bessere finden können.

1. Das Master-Wort beginnt mit dem Codier-Konsonanten der Ziffer entsprechend der Ziffer-Konsonanten-Codierung.
2. Vokale (und der Buchstabe h) sind neutral und können im Master-Wort beliebig vorkommen:

   Masterwort für 1 = **TEE**

3. Das Master-Wort für eine Doppelzahl wird durch die zwei Codier-Konsonanten bestimmt:

   Masterwort für 13 = **TEAM**

   Masterwort für 33 = **MAMA**

4. Sind Doppelkonsonanten akustisch nicht einzeln hörbar, zählen sie für die Codierung zur Zahl zusammen als ein Konsonant:

   Masterwort für 39 = **MAPPE**

   Masterwort für 91 = **BETT**

**5.** Master-Wörter sollten konkret und anschaulich sein, Substantive sind meist besser als Verben oder Adjektive:

Masterwort für 54 = **LEIER** (54 = leer)

**6.** Der Klang ist entscheidend, nicht die Schreibform:

Masterwort für 86 = **FISCH**
(86 = Vieh-Show, ist möglich, aber zu kompliziert)

**7.** Das Master-Wort sollte immer dasselbe klare und lebhafte »mentale Bild« in einem hervorrufen; dieses muss sich von anderen Master-Wörtern bildlich ausreichend unterscheiden:

Masterwort für 43 = **RUM**

Masterwort für 94 = **BIER**

Hier kann man in eine gefährliche Falle tappen. Die mentalen Bilder für Rum und Bier könnten sehr ähnlich sein. Dies könnte dann dazu führen, dass man sie beim Visualisieren seiner Geschichte zur Wiedergabe verwechselt. (Meine Bilder: Bei 43 sehe ich einen Trinker, der gierig die volle Flasche Rum an den Mund setzt; bei 94 sehe ich zwei fröhliche Menschen, die gesellig mit zwei Bierkrügen anstoßen – das ist mental visualisierend ein genauso großer Unterschied wie im wirklichen Leben!)

**Tipp:** Erstellen Sie deutlich voneinander unterschiedliche mentale Bilder für Ihre 100 Master-Begriffe, damit Sie diese Bilder im Geiste immer eindeutig den Zahlen zuordnen können.

Überlegen Sie nun selbst, welche Wörter entsprechend den beschriebenen Regeln für die Zahlen stehen könnten, schauen Sie dabei ruhig auf die obige Ziffer-Konsonanten-Codierung, falls Sie sie noch nicht ganz im Kopf haben (für spätere Anwendungen in der Praxis sollten Sie diese allerdings schon lernen!). Also viel Erfolg beim Finden von möglichst kurzen und anschaulichen Master-Begriffen für folgende Zahlen:

**90** ______________ **95** ______________ **20** ______________

**67** ______________ **50** ______________ **78** ______________

Konnten Sie gute Begriffe für die Zahlen finden? Falls nicht, schauen Sie einfach auf meine Gesamtauflistung am Schluss dieses Kapitels, und lassen Sie sich inspirieren

## *Seien Sie kreativ mit Master-Zahlen-Geschichten!*

Versuchen Sie nun, das Master-System anzuwenden, indem Sie die nachfolgende 20-stellige Zahlenreihe memorieren. Jetzt habe ich Ihnen noch als Hilfestellung meine Master-Begriffe unter die doppelstelligen Zahlen geschrieben. Lassen Sie sich Zeit für das Erfinden von zwei schönen Geschichten mit jeweils fünf Begriffen, also zehn Zahlen. Oder machen Sie gleich eine kleine Kurzgeschichte mit allen zehn Master-Wörtern.

| **9 0** | **4 3** | **1 3** | **9 5** | **7 0** | **5 0** | **6 8** | **1 4** | **6 3** | **2 0** |
|---|---|---|---|---|---|---|---|---|---|
| **Bus** | **Rum** | **Team** | **Ball** | **Käse** | **Lasso** | **Schafe** | **Teer** | **Schaum** | **Nase** |

*Ihre Geschichte:*

Lesen Sie bitte Ihre Geschichte noch einmal durch, visualisieren Sie diese so gut wie möglich, und gestalten Sie Ihre Memo-Anekdote vielleicht hier und da noch ein wenig aus – achten Sie dabei auch darauf, dass die Abfolge der Geschehnisse in der Geschichte eindeutig ist. Jetzt sind Sie so weit, alle 20 Ziffern aufzuschreiben (falls Sie die Rückkodierung von den Master-Begriffen zu den Zahlen noch nicht können, nehmen Sie ruhig die nachfolgende Auflistung meiner Master-Begriffe zu Hilfe):

Meine Geschichte zur obigen Zahlenreihe: Sie tanken den riesigen **Bus** mit **Rum**, und ein **Team** mit einem Sack voller (Fuß)**Bälle** steigt ein, wobei jeder als Reiseproviant ein Stück **Käse** bekommt. Da der Bus nicht anspringt, nehmen Sie ein **Lasso** und spannen **Schafe** zum Ziehen an, die auf der frisch ge**teer**ten Straße laufen. Sie laufen immer schneller und schneller, bekommen vor Erschöpfung **Schaum** vor den Mund und fallen alle auf die **Nase**.

## *Erstellen Sie Ihre Master-Begriffe von 0 bis 99*

| | |
|---|---|
| 0 Sau | 25 Nil (Schlauch) |
| 1 Tee (Service) | 26 Nische |
| 2 Noah | 27 Nike (Schuh) |
| 3 Mai (Blumen) | 28 Neffe |
| 4 Reh | 29 Nappa (Leder) |
| 5 Lee (Jeans) | 30 Moos |
| 6 Schi | 31 Matte |
| 7 Kuh | 32 Mang (Motorrad) |
| 8 Fee | 33 Mama |
| 9 Po | 34 Meer (Eimer) |
| 10 Tasse | 35 Müll |
| 11 Tot (Skelett) | 36 Masche |
| 12 Tanne | 37 Mac (Burger) |
| 13 Team | 38 Mafia (Kettensäge) |
| 14 Teer | 39 Map (Straßenkarte) |
| 15 Tollwut (Hund) | 40 Rose |
| 16 Tasche | 41 Ratte |
| 17 Theke | 42 RAN (Mikrofon) |
| 18 Taufe | 43 Rum |
| 19 Taube | 44 Rohr |
| 20 Nase | 45 Rolle |
| 21 Naht (Messer) | 46 Rauch |
| 22 Nonne | 47 Rock |
| 23 Nemo (Kapitän) | 48 Reif |
| 24 Narr (Hampelmann) | 49 Raupe |

| | |
|---|---|
| 50 Lasso | 75 Keule |
| 51 Latte | 76 Koch |
| 52 Linie | 77 Kacke |
| 53 Leim | 78 Kaffee |
| 54 Leier | 79 Kappe |
| 55 Lolli | 80 Fass |
| 56 Loch | 81 Fit (Kniebeuge) |
| 57 Lack | 82 Fahne |
| 58 Lava (Gestein) | 83 WM (Medaille) |
| 59 Lupe | 84 Fury (Pferd) |
| 60 Schüsse | 85 Falle |
| 61 Schutt | 86 Fisch |
| 62 Scheune | 87 Waage |
| 63 Schaum | 88 Waffe |
| 64 Schere | 89 VIP (Krone) |
| 65 Schal | 90 Bus |
| 66 Schach | 91 Bett |
| 67 Scheck | 92 Bahn |
| 68 Schaf | 93 Baum |
| 69 Scheibe (Glas) | 94 Bier |
| 70 Käse | 95 Ball |
| 71 Kette | 96 Buch |
| 72 Kanne | 97 Backe (Ohrfeige) |
| 73 Kamm | 98 Bifi (Wurst) |
| 74 Karre | 99 Papa |

Noch einige wichtige Hilfestellungen: Wenn Sie die Liste meiner Master-Begriffe betrachten, sehen Sie in Klammern noch eine nähere Erläuterung zu einigen Begriffen. So ist *Tollwut* für die Zahl 15 ein eher abstrakter Begriff, der noch anschaulich gemacht werden muss; also sollten wir uns einen tollwütigen Hund vorstellen. Gleiches gilt für den Begriff *Mai* für 3; hier muss man sich für ein bildhaftes Objekt entscheiden, das den Mai sichtbar und spürbar macht und welches man immer vor dem »inneren Auge« sieht, wenn man die Zahl 3 aufnimmt – für mich ist dies ein riesiger, duftender Blumenstrauß. Begriffe wie Müll oder Buch brauche ich nicht näher erläutern, denn aus meiner Erfahrung weiß ich, dass jeder eine klare Vorstellung von solchen leicht »fassbaren« Wörtern hat. Anders sieht es beim Wort *Nische* aus: Der Trick ist hier, dass man ein Ersatzbild findet, welches nur entfernt etwas mit dem Begriff zu tun haben braucht – so sehe ich mich bei der Zahl 26, mit ausgestreckten Armen und Beinen einen gewaltigen Hechtsprung machen (in eine Nische). In entsprechender Weise ergeht es dem Begriff *Meer* für 34. Jeder ist zwar in der Lage, sich ein riesiges, nahezu unendlich erscheinendes Meer vorzustellen, aus Gründen, die jedoch erst im Kapitel über die Loci-Methode verständlich werden, sollte das mentale Bild für den Master-Begriff von mittlerer Größe sein. Also nimmt man einen kreativen Trick zu Hilfe: So ist für mich die 34 ein bunter Eimer, der Meerwasser enthält!

Ich hoffe, diese Beispiele sind für Sie ausreichend, um Ihr persönliches Master-Zahlen-System zu erstellen. Neben meinen Begriffen ist noch etwas Platz gelassen, sodass Sie eigene Begriffe für Zahlen eintragen können, falls Sie für sich bessere gefunden haben. Oder Sie nutzen den Platz, um Ihr mentales Bild für meinen vorgeschlagenen Master-Begriff niederzuschreiben.

Das System ist wie ein sich evolutionär entwickelnder Organismus. Durch die Anwendung in der Praxis werden sich hier und da Schwächen herausstellen. Wenn Ihre Erfahrung zeigt, das mentale Bild für eine bestimmte Zahl will sich nicht manifestieren oder zwei Zahlen werden aufgrund ähnlicher mentaler Bilder häufiger verwechselt, sollten Sie kreativ werden: Feilen Sie an Ihrem Masterwort-Katalog, und lassen Sie ihn mit der Zeit zu einem wundervollen mentalen Werkzeug erblühen.

**Wie meistere ich die Telefonnummern-Geister?**

Achtstellige Telefonnummern führen nach dem Master-System zu vier Master-Bildern. Machen Sie aus diesen vier Begriffen eine Memogeschichte mit möglichst viel Fantasie, aber achten Sie darauf, dass die Reihenfolge auch wirklich korrekt ist. Natürlich sollten Sie die 100 Master-Begriffe schon ganz gut gelernt haben, wenn Sie den am Ende des Buches angebotenen GQ-Test machen; Sie werden dann nicht so viel Zeit für das Suchen nach den Zahlencodierungen verlieren. Damit Sie auch nicht die einzelnen Nummern untereinander vertauschen, hier noch ein Tipp zum Behalten der Reihenfolge. Nutzen Sie eine Ihnen bereits bekannte Abfolge! Verbinden Sie zum Beispiel die erste Mentalgeschichte der ersten Telefonnummer mit den Heiligen Drei Königen (Januar), die zweite Mentalgeschichte mit dem Osterhasen (etwa April), die dritte mit einem Bademeister (Sommer), die vierte mit einem Halloween-Monster (Oktober), die fünfte mit dem Weihnachtsmann (Dezember) und die letzte einfach so. Vergessen Sie aber nicht, vor Ablauf der Memorierzeit von fünf Minuten zu wiederholen und sich zu überprüfen, ob Sie die einzelnen Memogeschichten wirklich »drauf« haben (oder nutzen Sie die später beschriebene Loci-Methode zum Meistern der Reihenfolge).

# Anwendungen

## *Zahlen im Alltag*

Die Anwendungsmöglichkeiten des Master-Systems im Alltag sind nahezu unendlich. So ist es für das Memorieren von Telefonnummern bestens geeignet. Auch Preise lassen sich im Nu abspeichern: Aus dem Preis von 72,65 Euro wird eine Kanne, welche (zur Wärmeisolierung) mit einem Schal umwickelt ist (und diese Kanne platzieren Sie mental auf dem Verkaufsartikel, der diesen Preis hat). Aber auch Kontonummern oder PIN-Zahlen können Sie ebenso leicht und zuverlässig abspeichern: So können Sie sich bei der PIN-Zahl 5975 vorstellen, wie Sie am Bankautomaten mit der Lupe (59) auf die Tasten schauen und diese mit einer Keule (75) betätigen. Und wenn Sie mit der Reihenfolge dieser zwei Master-Wörter durcheinander kommen sollten – dass Sie also zuerst mit der Keule auf die Tasten schlagen und dann mit der Lupe schauen, was Sie angerichtet haben –, ist das auch nicht so schlimm. Denn drei Versuche werden Ihnen von den Banken ja bekanntlich zugestanden, wenn Sie den Geldautomaten melken wollen.

Es gibt aber noch eine Möglichkeit, die Master-Zahlen-Codierung für kürzere Zahlen wie Geburtstage oder auch Geheimnummern einzusetzen. Nehmen wir an, die Nummer von Ihrem Fahrradschloss ist 6572. Der elegante Trick wäre nun der, sich einen Begriff für diese vierstellige Zahl auszudenken, und zwar auf der Basis der Master-Zahlen-Codierung. Versuchen Sie es einmal mit SCH für 6, L für 5, CK oder G für 7 und N für 2. Ergänzen Sie diese Reihenfolge von Konsonanten mit Vokalen, und spielen Sie ein wenig herum, dann finden Sie bestimmt mehrere passende Begriffe. Versuchen Sie es ein bis zwei Minuten, bevor Sie fortfahren.

(Ich finde *Schlecken* am besten – wenn immer Sie das Schloss öffnen wollen, *schlecken* Sie mental am Schloss.)

## *Zahlen im Beruf*

Auch im Beruf gibt es unermessliche Anwendungen. So ist der Master-Katalog elegant einsetzbar zur sicheren Abspeicherung von Terminen. Natürlich gibt es immer mehr technische »Unterstützung«; doch so manchmal frage ich mich, ob Terminplaner, Notepad, Organizer oder Office-Manager-Notebook tatsächlich so arbeitserleichternd und zeitsparend sind. Und Sie ahnen vielleicht schon, wann mir diese Frage in den Sinn kommt: Wir alle kennen die exzellent ausgestatteten Business-Leute, die voller Hektik und eine kleine Ewigkeit lang Ihren »Organizer« suchen, nur weil sie sich nicht merken konnten, ob sie den dringenden Termin um 13.45 oder 14.15 Uhr haben. Verstehen Sie mich nicht falsch: Der technische Fortschritt kann enorm hilfreich sein, auch um unser Gehirn zu entlasten und unser geistiges Potenzial effektiver zu nutzen. Aber mir macht die Abhängigkeit, in die sich einige Menschen dabei begeben, eine gewisse Angst.

Benutzen Sie also zumindest zusätzlich zu solchen elektronischen Utensilien Ihr Gehirn! Nehmen Sie unser Master-System zu Hilfe: 13.45 Uhr kann für Sie ein (Fußball-)Team (Team = 13) bedeuten, welches als Konditionstraining wilde Rollen macht (Rolle = 45), wohingegen Sie bei 14.15 Uhr dampfenden schwarzen Teer (Teer = 14) sehen, in den unglücklicherweise ein tollwütiger Hund (Tollwut = 15) hineinbeißt. Seien Sie sicher, dass Sie diese beiden Bilder nie verwechseln können! Machen Sie immer so ein mentales Bild, wenn Sie einen Termin verabreden, und Sie werden für Ihre Zuverlässigkeit keinem aus dem Gedächtnis gehen.

Sie mögen einwenden, dass Sie aber mehrere Termine am Tag haben und zusätzlich erinnern müssen, wann Sie was haben! Auch das ist kein Problem: Integrieren Sie die Person, den Anlass oder den Ort der Verabredung mit dem für die Uhrzeit erstellten mentalen Bild. Handelt es sich zum Beispiel bei dem Termin um 13.45 Uhr um eine Konferenz, so stellen Sie sich die Team-Kollegen in Fußballtrikots vor, wie sie auf dem Konferenztisch quiekend herumrollen, um sich für die erwarteten hitzigen Diskussionen schon mal warm zu machen.

Zwar nehme ich ein Detail aus einem späteren Kapitel vorweg, doch gehören zu Terminen oft auch die Wochentage. Dazu mein Rat: Codieren Sie die Wochentage zu feststehenden Begriffen! So könnte das Wort *Diener* für *Dienstag* stehen; ist die obige Konferenz an diesem Tag, so integrieren Sie in die Bildergeschichte für die Uhrzeit den Dienstag-Diener, der den durch das Herumrollen schwitzenden Teamkollegen freundlich einen Saft anbietet. Und glauben Sie mir, Sie werden ganz sicher wissen, dass diese Konferenz nicht am *Donnerstag* ist, denn dann hätten Blitz und *Donner* das bunte Treiben im Konferenzsaal jäh beendet.

Wiederum überlasse ich es Ihrer Fantasie, das Master-Zahlen-System für alle Bereiche in Ihrem Beruf anzuwenden, mit denen Sie es zu tun haben: Computerfachleute für Zugangscodes, Zahnärzte für Gebührennummern, Köche für die Mengenangaben der Zutaten, Verkäufer für Preisspannen und Manager für Budgetdaten.

Das Master-Zahlen-System ist in der Tat ein mentales Allzweck-Werkzeug, dessen Grenzen ausschließlich durch Ihre Kreativität gegeben sind. Ein letztes Beispiel: Hat ein Geschäftsführer Probleme, sein ihm zugesagtes Jahresgehalt von 675 000 Euro im Kopf zu behalten (wenn schon Millionen-Spenden von Politikern einfach vergessen werden, ist das doch vorstellbar), so erstellt er möglicherweise folgendes mentales Bild: Er schwingt auf einer Schaukel (675) und jongliert mit 3 Säuen (000)!

## *Zahlen fürs Allgemeinwissen*

Es erweist sich nicht nur als praktisch, wenn man, ohne im Brockhaus nachschlagen zu müssen, einige interessante Daten und Fakten parat hat, sondern jedes Gespräch gewinnt dadurch auch an Relevanz. Sie selbst erreichen damit eine höhere Aufmerksamkeit bei den Zuhörern, wenn Sie Tacheles reden können:

- Umrechnung für die nächste Diät: 1 Kilo-Joule (KJ) = 0,239 kcal
- Der aktuelle Weltrekord im Weitsprung: 8,96 Meter
- Einwohnerzahl Deutschlands: 82,26 Millionen
- Der längste Fluss der Erde: Amazonas mit 6720 Kilometer (neueste Messung)
- 424 Verse hat Schillers »Lied von der Glocke«

Alle diese Zahlen und Daten lassen sich spielend in Wörter oder einprägsame Sätze (s. u.) verwandeln, probieren Sie es einfach!

Neben der eben beschriebenen Einsatzmöglichkeit des Master-Systems gibt es noch eine anders geartete Methode des Einsatzes: die akrostische Methode, welche später noch näher beschrieben wird. Beispielhaft möchte ich diese anhand von Geschichtsdaten erläutern.

Nehmen wir das Jahr 1912, das Jahr des Untergangs der Titanic. Der Trick ist nun, mit Hilfe der Ziffer-Konsonanten-Codierung Wörter zu finden, welche jeweils mit dem Codier-Konsonanten der einzelnen Ziffer beginnen, und dann einen Satz daraus zu bilden:

**1912** **T**itanic **b**richt im **D**unkeln in **N**eufundland

Jedes Wort steht für eine Ziffer der Zahl, wobei mit einem Selbstlaut anfangende Wörter nicht berücksichtigt werden. Stellen Sie sich diesen Satz wieder ganz deutlich vor Ihrem »inneren Auge« vor, und wiederholen Sie ihn einige Male, dann sollte diese Jahreszahl gut abgespeichert sein. Ein weiterer Vorteil bei dieser Methode ist auch der, dass Sie sich nicht nur allein die Jahreszahl zum Ereignis fest einprägen, sondern auch noch zusätzliche Informationen (im Dunkeln und in der Nähe von Neufundland).

Lassen Sie mich Ihnen noch ein zweites Beispiel geben: 1832, das Todesjahr von Goethe.

**1832** **D**er **W**erther **m**uss ins **N**iemandsland

Auch dieser Satz hilft Ihnen, zusätzlich noch ein wichtiges Werk von Goethe (»Die Leiden des jungen Werthers«) abzuspeichern.

Versuchen Sie sich nun selbst an den nächsten Aufgaben. Es mag zu Beginn nicht ganz leicht sein, sinnvolle Sätze zu finden. Aber die Arbeit lohnt sich, wenn man einen schönen, aussagekräftigen und gut vorstellbaren Memo-Satz gefunden hat. Und außerdem trainiert man seine Fantasie und Kreativität beim Suchen (übrigens findet man entsprechende Aufgaben mit Konsonanten in IQ- und Kreativitätstests).

**1517** Luther schlägt seine 96 Thesen an der Schlosskirche zu Wittenberg an

*Memosatz:* ______________________________

**1859** Darwin veröffentlicht seine Evolutionstheorie (»Entstehung der Arten«)

*Memosatz:* ______________________________

**1928** Fleming entdeckt Penicillin als wirksames Antibiotikum

*Memosatz:* ______________________________

Ich überlasse es Ihrer Fantasie, bequeme Möglichkeiten zu finden, das flexible Master-System auch für alle anderen Zahlen-Problemchen im Alltag einzusetzen: die Grundmethoden kennen Sie nun.

## Übungsvorschläge

### *Basteln Sie Ihre eigenen Zahlen-Karten*

Damit Sie dieses Zahlensystem sinnvoll in Ihr Leben integrieren, ist es unerlässlich, die Master-Wörter so gut zu lernen, dass sie förmlich ins Bewusstsein schießen – ohne groß nachzudenken sollten Sie die Begriffe parat und die Bilder vor Augen haben. Kaufen Sie 100 Karteikarten oder blanke Visitenkarten und schreiben Sie auf der einen Seite jeweils eine Zahl von Null bis 99 und auf der anderen Seite Ihren Master-Begriff. Nehmen Sie sich täglich fünf Minuten Zeit, um die Karten immer wieder durchzugehen. Sie werden sehen, es ist nicht schwer, da sich jedes Wort aus der Ziffer-Konsonanten-Codierung ableiten lässt. Nach ein bis zwei Wochen können Sie dann sicher Ihr Master-System im Alltag einsetzen.

**Tipp:** Versuchen Sie, auch den Partner, einen Freund oder die Kinder für das Master-System zu begeistern. Es macht zusammen noch mehr Spaß und ermöglicht interessante Wettspiele. So können Sie die Zahlen-Karten mischen und nacheinander mit der Zahl nach oben aufdecken – wer sein Master-Wort zuerst weiß, bekommt dann die Karte.

## *Zeichnen Sie Ihre Erfolgsentwicklung auf*

Fortschritte sollte man dokumentieren – privat, sportlich, beruflich oder finanziell. Nur allzu leicht vergisst man den Ausgangspunkt oder nimmt die Entwicklung gar nicht richtig wahr. Um dies zu vermeiden, rate ich jedem, der auch nur den Funken des Interesses verspürt, gezieltes Gedächtnistraining zu machen, ein Trainingserfolgs-Heft anzulegen. Ich selbst habe noch meine gesamten Aufzeichnungen und wäre sicherlich nie so weit gekommen, wenn ich nicht immer wieder »schwarz auf weiß« hätte sehen können, wie sich meine Gedächtnisleistung verbessert (damals fing ich mit 30 bis 40 memorierten Ziffern in fünf Minuten an, jetzt liegen meine Trainingsergebnisse bei 250 bis 300 Ziffern in fünf Minuten). Ein weiterer Vorteil des konsequenten Aufzeichnens der eigenen Ergebnisse ist auch der, dass der sichtbare Entwicklungstrend motiviert und man dadurch nicht so leicht durch einige schlechte Tage »aus der Bahn geworfen wird«.

Gut geeignet als Basis für die Aufzeichnung Ihrer Erfolgsentwicklung ist der Fünf-Minuten-Zahlentest, wie Sie ihn bereits vom Eingangstest her kennen. Nehmen Sie sich die Zahlen-Karten heraus, die Sie schon gut beherrschen, und setzen Sie sich jedes Mal ein klein wenig höheres Ziel für das Memorieren in fünf Minuten. Sie werden über sich selber staunen! Schon einige Seminarteilnehmer aus meinen Kursen konnten nach nur einigen wenigen Stunden eine 50-stellige Zahl in fünf Minuten lernen.

Übrigens empfehle ich jedem, sich einen kleinen Trainingsplan für diese empfohlene Trainingsaufgabe zu erstellen. Tragen Sie dort stets Ihre Ergebnisse ein, und seien Sie schon gespannt auf Ihre enorme Entwicklung!

## *Allenthalben gibt es ganze Zahlen*

Unser kulturelles Umfeld gibt uns überall die Möglichkeit zu trainieren, nutzen Sie das Angebot. Erfinden Sie mit dem Master-System Geschichten zur Telefonnummer Ihres Zahnarztes, zum Geburtstag des Kollegen, zu einigen Geschichtsdaten. Am Anfang erscheint es für den einen oder anderen vielleicht etwas mühsam, doch schon nach kurzer Zeit wird Ihr Geist so richtig »angeturnt«.

Natürlich können Sie auch gezielt Zahlendaten lernen und so Ihr Gedächtnistraining mit der Erweiterung Ihres Allgemeinwissens koppeln. Überlegen Sie sich aber immer vorher eine geeignete Strategie. Als Übung für Sie sind nachstehend die (geplanten) Austragungsorte und Jahre der olympischen Sommerspiele aufgelistet. Lernen Sie diese mit Hilfe des Master-Systems.

| | | | |
|---|---|---|---|
| 1896 Athen | ______________ | 1900 Paris | ______________ |
| 1904 St. Louis | ______________ | 1908 London | ______________ |
| 1912 Stockholm | ______________ | 1916 Berlin | ______________ |
| 1920 Antwerpen | ______________ | 1924 Paris | ______________ |

| | | | |
|---|---|---|---|
| 1928 Amsterdam | ____________ | 1932 Los Angeles | ____________ |
| 1936 Berlin | ____________ | 1940 Tokio | ____________ |
| 1944 London | ____________ | 1948 London | ____________ |
| 1952 Helsinki | ____________ | 1956 Melbourne | ____________ |
| 1960 Rom | ____________ | 1964 Tokio | ____________ |
| 1968 Mexiko City | ____________ | 1972 München | ____________ |
| 1976 Montreal | ____________ | 1980 Moskau | ____________ |
| 1984 Los Angeles | ____________ | 1988 Seoul | ____________ |
| 1992 Barcelona | ____________ | 1996 Atlanta | ____________ |
| 2000 Sydney | ____________ | 2004 Athen | ____________ |

Wie sind Sie beim Lernen vorgegangen? Das Lernen ist ein sehr komplexer mentaler Prozess, bei dem man gespeichertes Wissen nutzt, versucht, vereinfachende Strukturen zu erkennen, und Merkmethoden für das verdichtete Informationspaket gezielt einsetzt.

Auffällig an der Olympia-Liste ist, dass fast jede Jahreszahl mit 19 beginnt (mit drei Ausnahmen). Eigentlich ist 19 dann überhaupt nicht zu lernen. Hilfreich ist auch die Erkenntnis, dass zwischen 1968 und 1980 die Stadt immer mit M beginnt. Sein Wissen kann man nutzen, indem man bereits abgespeicherte Daten hervorholt oder für die Merkmethoden einsetzt. Ich schlage für das schnelle Einprägen von Geschichtsdaten folgende Methode vor: Kreieren Sie ein mentales Bild aus dem Ereignis oder in diesem

Beispiel einem Merkmal der Stadt (oder dem Namen) und der Jahreszahl. So düst zum Beispiel ein Mann (32) mit seinem Motorrad in Los Angeles (am Strand) herum, verfolgt von dem Pferd (84). Die rote Blüte einer Rose (40) bildet den roten Punkt auf der japanischen Flagge (Tokio).

***Wie meistere ich das Geschichts-Spektakel?***
Wenn Sie auch noch das Jahrhundert abspeichern möchten – wie es auch beim Geschichts-Spektakel des GQ-Tests erforderlich ist, so integrieren Sie das entsprechende Master-Wort ins Bild. Ein Beispiel: 1937 (Focke konstruiert ersten Hubschrauber) – mental sehen Sie Herrn Focke, wie er verzweifelt versucht, die auf den Rotorblättern des Hubschraubers sitzenden Tauben (19) mit Mc-Donald-Hamburgern (37) zu locken. Ist Ihnen jedoch klar, in welchem Jahrhundert ein Ereignis war, so erstellen Sie nur ein Kombinationsbild aus den letzten beiden Stellen der Jahreszahl und dem Ereignis, ebenso bei zukünftigen Ereignissen, denn diese beginnen ja alle mit 20: Wird zum Beispiel ein Anti-Schwerkraftantrieb im Jahr 2080 erfunden, so sehen Sie ein dahinflitzendes, schwebendes, riesiges Fass! Erstellen Sie derartige Mentalbilder für all jene Ereignisse, die Sie interessieren, und markieren Sie diese; denn Sie sollten sie vor Ablauf der fünf Minuten noch einmal kurz wiederholen. Ein oder zwei Geschichtsdaten speichern Sie schließlich die letzten zwei Sekunden noch schnell in Ihren Kurzzeitspeicher ein und schreiben das zuerst auf.

Ich weiß, all dies erscheint verrückt und kindisch. Aber seien Sie sicher, dass Ihr Denkfluss und Ihr Gedankenreichtum genau durch dieses Training zunehmen, denn Sie erstellen über Tage und

Wochen hinweg Hunderte von ganz neuen Kombinationen und Assoziationen im Geist. Seitdem ich Gedächtnistraining betreibe, spüre ich förmlich eine zunehmende geistige Wachheit und Ideenflut; und das zusätzlich zur gesteigerten Gedächtnisleistung.

So konnte ich im Jahr 2001 auf der Deutschen Gedächtnismeisterschaft den Weltrekord in der Disziplin »Historische Daten« mit 43 korrekt memorierten Daten in fünf Minuten aufstellen. Trainieren Sie die oben beschriebenen Methoden zumindest gelegentlich, und Sie werden im GQ-Test am Ende des Buches auch bei dieser Aufgabe im Genie-Bereich liegen!

**In zehn Stunden zum Sieger**

*Im Mai 2001 gab ich einen Gedächtniskurs in einem Hotel auf Fuerteventura, der etwa zehn Stunden dauerte. Es hat nicht nur viel Spaß gemacht, sondern die Teilnehmer hatten auch fantastische Ergebnisse. Einen konnte ich sogar motivieren, als Zuschauer auf die Deutsche Gedächtnismeisterschaft zu kommen. Zu seiner großen Überraschung gewann er dort die Publikumsdisziplin »Historische Daten« mit 15 korrekt memorierten Jahresdaten in fünf Minuten. Nicht nur, dass er damit das beste Ergebnis von den 250 anwesenden Zuschauern hatte, er lag auch über dem Ergebnis des Deutschen Vizemeisters, welcher sich nur an 13 Geschichtsdaten erinnern konnte.*

# Fakten, Fakten, Fakten – kein Problem!

## Die Loci-Methode

Im Altertum verwendeten und lehrten berühmte Intellektuelle wie Cicero, Quintilian oder Seneca der Ältere eine spezielle Gedächtnis-Technik, um ihre epochalen Reden zu halten. Besonders für den Abruf von Argumentationsketten, die Speicherung von Fakten zur allzeit bereiten Wiedergabe und das Einprägen von Reden bewährte sich diese damals weit verbreitete Memoriermethode. Den Zuhörern erschien der aufwändig konstruierte und memorierte Vortrag dann wie eine spontan gehaltene Rede. Solche Reden beeindruckten das Auditorium und mehrten den Ruhm der Geistesgrößen (Cicero beschreibt diese Methode in seinem großen Werk »De oratore«). Diese von den Rhetorikern der Klassik eingesetzte so genannte Loci-Methode war damals von so großer Bedeutung, dass man von ihr einfach als »Die Methode« sprach.

Seneca der Ältere (55 v. Chr. bis 40 n. Chr.) hielt mit dieser Methode nicht nur seine im ganzen Land geschätzten Reden, sondern genoss es, mit seinen immensen Gedächtnisleistungen die Menschen zu verblüffen. So wird berichtet, dass er zuweilen 200 Studenten aufforderte, ihm je eine beliebige Zeile ihres Lieblingsgedichtes vorzutragen; anschließend gab er dann alle Zeilen in umgekehrter Reihenfolge fehlerfrei wieder (das brachte ihm zweifelsohne schon zu Beginn den nötigen Respekt der Studenten ein).

Auf einer riesigen Versammlung soll er auch einmal 2000 Namen von anwesenden Personen gelernt und dann in der ihm gegebenen Reihenfolge aus dem Gedächtnis aufgesagt haben – eine mentale Höchstleistung, die ohne die Loci-Methode völlig undenkbar wäre.

Zwei Merkmale kennzeichnen diese Methode: das Bilden von Loci (Plätzen) und das Erstellen von Imaginationen.

## *Vor 2500 Jahren begann es*

Obgleich es nun schon mehr als 2500 Jahre her ist, scheint der Ursprung der Loci-Methode doch genau datierbar zu sein. Cicero schreibt darüber in »De oratore« und erwähnt Simonides von Ceos als mutmaßlichen Begründer dieser damals so verbreiteten Merktechnik. Simonides war zu seiner Zeit einer der am meisten bewunderten lyrischen Poeten Griechenlands mit dem lautmalerischen Spitznamen »die Honigzunge«; er lebte um 556 bis 468 v. Chr.

Über ihn gibt es eine wundersame Anekdote: Simonides hatte den Auftrag, auf einem Bankett im Jahr 515 vor Christus ein Gedicht zu Ehren des Gastgebers vorzutragen. In sein Werk flocht er einige Verse zum Lob der Götter Castor und Pollux ein. Direkt nach dem Vortrag zahlte der Gastgeber nur die Hälfte des vereinbarten Honorars und riet Simonides höhnisch, sich die andere Hälfte von den Götterjünglingen Castor und Pollux zu holen. Kurz darauf wurde Simonides mitgeteilt, dass zwei junge Männer vor dem Gebäude auf ihn warten würden. Als er draußen war und vergeblich nach ihnen schaute, stürzte das Gebäude ein – dem Gerücht zufolge zahlten die beiden Götter so ihre Zeche. Alle Menschen im Gebäude starben beim Einsturz und waren so verstümmelt, dass ihre Verwandten sie nicht mehr identifizieren konnten. Nur Simonides konnte helfen, da er sich durch sein gespeichertes visuelles Abbild des Saales und der Personen genau erinnerte, an welchem Platz jedes Opfer gesessen hatte.

Durch dieses einschneidende Erlebnis kam er auf den Gedanken, zu lernende Informationen an verschiedenen räumlichen Plätzen einer vertrauten Umgebung mental zu fixieren und diese bildliche Vorstellung als Erinnerungshilfe zu nutzen.

Mit diesem Ereignis begann dann der Siegeszug dieser Merkmethode im Altertum, fortgeführt im Mittelalter durch die großen Kirchenlehrer Albertus Magnus und Thomas von Aquin. Obgleich Redewendungen aus vergangenen Zeiten noch an diese Methode erinnern, wie etwa der Ausdruck »An erster Stelle ist zu nennen ...«, geriet dieses kostbare Wissen in der Neuzeit zunehmend in Vergessenheit. Erst in den letzten Jahren, durch die erstaunlichen Ergebnisse in wissenschaftlichen Untersuchungen, konnte diese Methode wiederbelebt werden und setzt nun hoffentlich ihren Weg durch die Schulen, Universitäten und sonstige Ausbildungsinstitute fort.

*Bildnis eines Menschen an einem Gedächtnis-Locus (1533)*

## 600 Prozent Steigerung in nur drei Stunden!

In den letzten Jahren gab es zahlreiche Untersuchungen zur Wirksamkeit der Loci-Methode, die ich auch als Routen-Methode bezeichne, da die Loci, also Orte, entlang einer festgelegten Route angeordnet sind. Stellvertretend für all diese erfolgreichen wissenschaftlichen Forschungsarbeiten zu diesem Lernthema möchte ich eine Studie anführen, die von Professor Kliege vom Max-Planck-

Institut in Berlin durchgeführt wurde. Etwa 20 seiner Studenten sollten 40 Wörter in der richtigen Reihenfolge lernen, wobei ihnen jeweils zehn Sekunden lang ein Wort gezeigt wurde. Eine im Experiment ebenfalls vorhandene Kontrollgruppe, die ohne spezielle bzw. mit ihrer normalen Technik versuchten, sich die Wörter einzuprägen, konnte im Durchschnitt nur fünf richtig positionierte Wörter wiedergeben.

Die andere Gruppe, welche etwa drei Stunden lang ein spezielles Training zur Anwendung der Loci-Methode bekommen hatte, erinnerte im Durchschnitt etwa 35 korrekt positionierte Wörter. Das entspricht einer Steigerung der Gedächtnisleistung um 600 Prozent!

## *Mit Routen durch den Dschungel des Wissens*

Um die erfolgreiche Merk-Methode der klassischen Rhetoriker anzuwenden, legen Sie zuerst eine präzise Route, also eine Wegstrecke fest, auf der sich markante Plätze oder auch größere Objekte befinden. Im zweiten Schritt verknüpft man diese einzelnen Routenpunkte mit den zu lernenden Informationsdaten – natürlich in Form eines interessanten mentalen Bildes. Diese Positionierung oder auch Verortung von Wissen ist der Vorgang, den ich bereits früher im Buch bei der Beschreibung der sieben Mentalfaktoren als Lokalisierung bezeichnet habe. Diese Lernmethode wird Ihnen unbekannt und ungewohnt vorkommen, doch im Grunde verwendeten Sie in Ihrem Leben diese Wissens-Lokalisierung bereits unzählige Male. Wenn Sie in Hektik etwas verlegt haben, werden Sie sich nach den anfänglichen Sprints durch die Wohnung besinnen und mental die einzelnen Plätze und Ihre dortigen Handlungen Revue passieren lassen – oftmals kommt dann die erleichternde

Erinnerung schlagartig. Genau diesen Effekt nutzt die Loci-Methode gezielt zum Einprägen.

Ein kleines Beispiel vorab zum Verständnis: Nehmen wir an, auf Ihrer Route (gleich erfahren Sie, wie man eine solche Memo-Route erstellt) ist ein Routenpunkt der alte Plattenspieler Ihrer Stereoanlage und Sie möchten das Waschmittel auf Ihrer Einkaufsliste mit Hilfe dieses Routenpunktes abspeichern; jetzt müssen Sie nur ein mentales Bild aus diesen beiden Gegenständen anfertigen: So könnten Sie sich vorstellen, wie Sie mit dem Waschpulver kräftig die verstaubte Platte auf dem Plattenspieler putzen und es aus allen Poren schäumt. Genauso gehen Sie bei den anderen Routenpunkten vor, wo Sie auch die anderen Waren Ihrer Einkaufsliste als mentale Bilder komplett abspeichern. Im Geschäft machen Sie dann wieder einen »mentalen Spaziergang«, gehen also Ihre zu Hause belegte Memo-Route ab und können dadurch alle Haushaltswaren, die Sie besorgen wollen, lückenlos abrufen.

Aber wie erstellt man eine solche Route zur Abspeicherung von Wissen? Im Lauf der Jahre habe ich mir viele Routen mit insgesamt etwa 3000 Routenpunkten zum Memorieren erarbeitet. Am Anfang machte ich dabei noch viele Fehler, doch mit der Zeit erkannte ich, was man zu beachten hat und was man auf keinen Fall dabei tun darf; im Folgenden habe ich diesen Erfahrungsschatz in einer Liste von Regeln zusammengefasst. Als Beispiel verwende ich das von mir erfundene imaginäre Memory-Hotel.

| **Regeln zum Erstellen von Memo-Routen** | ***Beispielroute*** |
|---|---|
| **1.** ***Vertraute Umgebung:*** Erstellen Sie Ihre erste Memo-Route in einer Umgebung, in der Sie sich häufig aufhalten und zu der Sie auch einen emotionalen Bezug haben. Ich empfehle als morgendlichen Startpunkt im Memory-Hotel das Bett. | Der Tag beginnt morgens mit dem Aufwachen: im **Bett**. Dies ist Ihr erster Routenpunkt (RP). |
| **2.** ***Eindeutige Reihenfolge:*** Die Abfolge der einzelnen Routenpunkte sollte absolut eindeutig in Bezug auf die räumlichen Positionen sein. Sie gehen sie in sinnvoller Reihenfolge von A nach B nach C etc. ab. Die zeitliche Abfolge Ihrer alltäglichen Handlungen ist dabei nicht relevant. | Schräg zum Bett steht ein kleiner schwarzer **Fernseher**: Ihr zweiter RP. |
| **3.** ***Einprägsame Routenpunkte:*** Nach Möglichkeit sollten Sie interessante und markante Stellen oder Objekte als RP wählen: ein antiker Leder-Schaukelstuhl ist geeigneter als ein 08/15-Plastikhocker. | Rechts neben dem Fernseher steht ein riesiger, stachliger, grüner **Kaktus**: Ihr dritter RP. |
| **4.** ***Mittlere Ausmaße:*** Der Routenpunkt sollte nicht zu groß, aber auch nicht zu klein sein: ein winziger Fleck an der Wand ist zu klein, ein ganzer Wald zu groß. | Sie wollen frische Luft schnappen und öffnen das große **Fenster**: Ihr vierter RP. |

| | Beispielroute |
|---|---|
| **5. *Mäßiger Abstand:*** Auch der Abstand zwischen den einzelnen Routenpunkten sollte nicht zu groß und nicht zu klein sein. Cicero empfahl ca. 30 Fuß. Ich verwende Distanzen von 0,5 Meter bis rund 20 Meter, wobei ein bis drei Meter am besten sind (bei größeren Distanzen wird die Abfolge der RP im Geist unklar, bei sehr geringen Distanzen können die mentalen Bilder überlappen und sich gegenseitig stören). | Auf dem Weg zum Badezimmer steht in 1,5 Meter Entfernung zum Fenster an der anderen Wand ein kleiner runder **Tisch**: Ihr fünfter RP. |
| **6. *Dauerhafte Positionierung:*** Da wir bei unserer Route eine feste Abfolge der RP anstreben, sollte die Position eines RP nicht so leicht veränderlich sein, deshalb sind nicht bewegliche RP immer gut geeignet. Aber auch ein mobiles Objekt kann als RP gewählt werden, wenn Sie es mit einem bestimmten Ort assoziieren. | Gleich rechts in dem Badezimmer befindet sich die **Toilette**: Ihr sechster RP. (Die Klobürste lassen Sie außer Acht, sie könnte auch mal woanders stehen.) |
| **7. *Ausreichende Unterschiedlichkeit:*** Um später die mentalen Bilder unterscheiden zu können, dürfen die RP nicht zu ähnlich sein; so sollte man keine zwei ähnlich aussehenden Objekte in seine Route aufnehmen. | Der Toilette gegenüber befinden sich zwei Waschbecken; Sie integrieren aber nur ein **Waschbecken** in Ihre Route: Ihr siebter RP. |

| | *Beispielroute* |
|---|---|
| 8. ***Normale Blickebene einhalten:*** Es ist immer unschön, wenn man etwas vergisst. Dies passiert mit der Loci-Methode nur dann, wenn man bei der Wiedergabe einen RP auslässt. Deshalb sollte man Routenpunkte wählen, die sich in der normalen Blickebene befinden, also möglichst nicht auf dem Boden oder an der Decke (denn auch der mentale Blick geht nicht dorthin). | Zwar befindet sich eine äußerst interessante Lampe an der Decke des Badezimmers, aber der Blick schweift eher zu der luxuriösen **Duschkabine** aus Marmor: Ihr achter RP. |
| 9. ***Betrachtungsperspektive festlegen:*** Jeden RP kann man aus vielen verschiedenen Blickrichtungen betrachten; für die Abspeicherung des RP ist es aber wichtig, sich auf eine bestimmte Blickposition festzulegen. Er sollte schon durch das natürliche Abschreiten der Route bestimmt sein. | Auf dem Weg zur Hotelzimmertür kommen Sie am massiven **Kleiderschrank** vorbei und entscheiden, in welchem Blickwinkel Sie ihn zur mentalen Abspeicherung anschauen wollen: Ihr neunter RP. |
| 10. ***Durchnummerieren:*** Um eine gewisse Ordnung in seine Route zu bringen, sollten die RP durchnummeriert werden; ferner sollten Routenbereiche durch runde RP-Nummern abgeschlossen werden. | Die Route beenden Sie mit der **Tür** des Hotelzimmers: Ihr zehnter RP. |

Jetzt haben wir eine Route mit zehn Routenpunkten entwickelt. Gehen Sie die Routenpunkte bitte noch mal durch und stellen Sie sich ein entsprechendes Hotelzimmer so klar wie möglich vor. Bevor wir im nächsten Abschnitt auf die Nutzung von Routenpunkten genauer eingehen, gebe ich Ihnen noch ein paar Tipps zum Routenerstellen. Es kann sein, dass Sie diese erst dann verwerten können, wenn Sie bereits etwas mit der Loci-Methode vertraut sind und schon ein paar Routen selber erstellt und mit diesen geübt haben:

- Der Betrachtungswinkel von zwei aufeinander folgenden RP sollte unterschiedlich sein, das heißt, wenn RP X in einem Winkel zur Wand von 30 Grad angeschaut wird, so sollte der etwas weiter ebenfalls an der Wand stehende RP Y nicht auch unter einem Winkel von 30 Grad betrachtet werden.
- Eine schon im Altertum häufig erwähnte Regel betrifft die Helligkeit am RP. Der RP sollte nicht im Dunkeln liegen, aber auch nicht zu hell beleuchtet sein.
- Der RP sollte an einem ruhigen Ort liegen.
- Ein wichtiges Merkmal für die Qualität Ihrer Route ist die Zeit, die Sie benötigen, um mental durch die Route von RP zu RP zu reisen: weniger als eine halbe Sekunde pro Routenpunkt ist sehr gut. Somit sollten Sie die Beispielroute mental in höchstens fünf Sekunden durchschreiten können.

Versuchen Sie nun, entsprechend den dargestellten Regeln in Ihrem Zuhause eine Route mit etwa 20 bis 40 Routenpunkten zu machen. Gehen Sie sie dann im Geiste durch und testen Sie, ob Sie sie mental gut abschreiten können.

## *Wie nutzt man die eigenen Routenpunkte?*

Es gibt zwei Arten, Routenpunkte zu nutzen. Entweder Sie setzen die Loci-Methode für das kurzfristige Abspeichern von Informationen ein, also für zu erledigende Dinge, kurze Zeit zu speichernde Fakten oder wichtige Argumente in einer bevorstehenden Diskussion, oder Sie verwenden Routen zur dauerhaften Abspeicherung.

Im ersten Fall reichen Ihnen sicherlich zwei bis drei Routen mit insgesamt etwa 20 bis 50 Routenpunkten. Der immense Vorteil ist die sichere und lückenlose Abrufbarkeit von Information, die mental auf diese Weise »verortet« wurde. Zwar vergisst man diese auf Routenpunkten gespeicherten Informationen deutlich langsamer als auf übliche Weise abgespeichertes Wissen, aber auch dieses Wissen fällt dem Vergessen anheim. Sie haben allerdings das Wissen einige Stunden bis einige Tage parat – das hängt davon ab, wie intensiv Ihre Visualisationskraft ist. Danach verlöschen die mentalen Bilder allmählich, und Ihre Route ist wieder »frei« für neue Informationen.

Dauerhafte Abspeicherung bedeutet, dass Sie Informationen auf den Routenpunkten so lange verankern und wiederholen, bis sie im Langzeitgedächtnis sicher und langfristig abrufbar sind. Für diesen Anwendungsbereich benötigen Sie allerdings deutlich mehr Routen, da Sie eine Wissensroute nur für ein bestimmtes Arsenal von Fakten erstellen.

Es gab Zeiten, da war das Lernen unter Verwendung der Loci-Methode eine gängige und teilweise exzessiv betriebene Methode. Wie es die Abbildung am Anfang dieses Kapitels schon angedeutet hat, gehörte vor mehreren hundert Jahren das Erstellen von Routen für gebildete Leute zum Lernen. Es gab sogar Gelehrte, die schier unfassbare Datenmengen mit Hilfe von Loci abgespeichert hatten, um sie auf Abruf parat zu haben. So hatte Petrus von Ravenna (um 1448 bis 1508) bereits als junger Mann 100 000 Routenpunkte memoriert und sich damit ein immenses Wissen eingeprägt: Hunderte von Reden und Aussprüchen von Cicero, Tausende von Weisheiten, Aphorismen und Sprichwörtern und zwanzigtausend Gesetzestexte. Ebenso hatte der berühmte Prediger Francesco Panigarola 100 000 Routenpunkte – die er hauptsächlich in Kirchen und Kathedralen erstellte – zur nachhaltigen Abspeicherung von Wissen benutzt.

**Locipunkte statt Qualitätssterne: Der verwirrte Restaurantchef**

*Vor einiger Zeit war ich mit meiner Partnerin in London für einen großen Gedächtnis-Wettkampf im Fernsehen. Wir waren von dem erstklassigen Hotel so angetan, dass wir beschlossen, dort eine Route zu erstellen. Da es eine recht lange Route mit 100 Routenpunkten werden sollte und wir dafür schon unsere Hotelsuite und das Foyer genutzt hatten, durchschritten wir noch vor unserem Frühstück bedächtig das Restaurant und verharrten dort an mehreren Positionen, um uns innig diskutierend über die Aufnahme eines potenziellen Routenpunkts in unsere Route einig zu werden. Wir hatten schon die skeptischen Blicke von Kellnern bemerkt, als plötzlich ein wohlgekleideter Herr neben uns stand, sich als Restaurantchef ausgab und uns ängstlich fragte, ob irgendetwas nicht in Ordnung sei (wohl befürchtend, dass sein Haus »auf dem besten Weg wäre«, einen Qualitätsstern zu verlieren). Wir erwiderten freundlich, dass alles okay sei und wir als Gedächtnissportler nur eine Memo-Route erstellen würden. Damit wusste er wohl nichts anzufangen, denn er runzelte die Stirn und verschwand.*

## Anwendungen

### *Eine freie Rede halten*

Nicht nur die berühmten Redner im alten Griechenland oder Rom genossen Achtung und Anerkennung, wenn sie ihre Reden, Ansprachen und Seminare völlig frei vortragen konnten; auch heutzutage staunt jeder, wenn man in der Lage ist, auch nur wenige Minuten ohne Spickzettel und flüssig vor einer Menschenmenge zu reden. Aber jeder kennt die damit verbundenen Ängste: Werde ich nicht ins Stocken geraten? Oder vergesse ich einige wichtige Stichpunkte oder verliere gar den roten Faden? Deshalb halten sich die meisten an einem kleinen oder großen Zettel fest. Ich kenne Fälle, in denen der Vortragende an seinem Handzettel klebte, obgleich nur drei kleine Stichpunkte zu erläutern waren.

Abhilfe schafft da die Loci-Methode. Der Trick ist, dass Sie die einzelnen Sachverhalte, auf die Sie in Ihrer Rede eingehen wollen, auf einer vorher erstellten Route abspeichern; dabei ist es belanglos, ob es eine kurze Ansprache mit vielleicht nur fünf Punkten werden soll, oder ein längerer Vortrag mit 25 oder mehr Themenschwerpunkten. Wichtig ist nur, dass Sie für den zu vermittelnden Sachverhalt ein mentales Bild erstellen und dann dieses mentale Bild in fantasievoller Weise mit dem Routenpunkt verknüpfen. Ein Beispiel soll das näher erläutern:

Sie möchten eine Hochzeitsansprache halten und wollen zu Beginn über das erste Treffen der Brautleute sprechen und dann über den ungewöhnlichen gemeinsamen Sport, bevor Sie dann andere Themen behandeln. Lassen Sie uns eine fiktive Route nehmen, die Sie in Ihrem Büro erstellt haben könnten.

- Der erste Routenpunkt wäre der Bürotisch in der Ecke. Das erste Treffen des Brautpaares versinnbildlichen Sie in Form eines Handschlags zwischen den beiden, und zwar stehen sie dabei auf Ihrem Bürotisch.
- Das gemeinsame Hobby ist das Fallschirmspringen. Natürlich sehen Sie einen riesigen Fallschirm, der am zweiten Routenpunkt verortet wird. Dieser könnte die hässliche Heizung an der Wand sein, die Sie mit dem Fallschirm mental abdecken – außerdem (um ein wenig Logik hineinzubringen) soll der Fallschirm ein wenig erwärmt werden, für den nächsten Sprung aus größter Höhe und Kälte.
- Höhepunkt jeder Hochzeitsansprache sind ja die mehr oder weniger intimen Details, die man nun genüsslich und amüsant in die Rede einbauen kann. Sollte das übliche Schwiegermutter-Problem ein Thema sein, könnten Sie die Köpfe der Damen (mental!) mit der schweren Eichentür des Büros einklemmen und hätten damit ein sicherlich unvergessliches Routenpunkt-Bild.

Auf diese Weise knüpfen Sie alle Stichpunkte an geeignete Routenpunkte. Wenn Sie jetzt noch zur Sicherheit diese mentalen Bilder ein paar Mal durchgehen, um sie zu festigen, können Sie getrost und voller Selbstbewusstsein Ihre Aufgabe bewältigen. Vollführen Sie beim Sprechen einfach wieder diesen »mentalen Spaziergang«, und rufen Sie die an den Routenpunkten abgelegten Stichwörter ab. Sie werden sehen, es funktioniert fantastisch – sonst hätte es Cicero wohl nicht so gemacht!

***Wie meistere ich den Bilder-Sprint?***
So wie Sie eben Ersatzbilder für Stichwörter abgespeichert haben, können Sie auch die dargebotenen Bilder des Bildersprints auf Routenpunkten mental schnell positionieren. Erstellen Sie dafür vor dem Test eine gute Route mit 20 oder gar 25 Routenpunkten. Sie sollten nicht viel mehr als zehn Sekunden brauchen, um diese Routenpunkte mental zu durchschreiten. Damit sind Sie für den Test gut vorbereitet. Legen Sie jetzt mental die einzelnen Bilder auf jeweils einen Routenpunkt. Zwei Sekunden pro Bild sollten reichen. Die letzten zehn bis 20 Sekunden der Testzeit nutzen Sie für eine Wiederholung. Wenn Sie in der Wiedergabezeit die Route mental wieder durchgehen, sollten Sie zumindest die meisten der Bilder wieder abrufen können – und sogar in der richtigen Reihenfolge!
Wer in der Routenmethode allerdings noch nicht so gewieft ist, sollte mehrere Bilder miteinander auf fantasievolle Weise und logisch verknüpfen: Die *Rose* steckt im *Pokal* und bekommt eine *Spritze*, damit sie wieder blüht. Der *Pokal* steht auf einer kriechenden *Schildkröte*, die eine *Krone* mit strahlender *Glühbirne* trägt; plötzlich springt ein *Schiläufer* wie ein *Frosch* darüber, der ein *Sandwich* isst ...

## Stichwörter eines Artikels abspeichern

Trotz multimedialer Infoflut bleiben wir manchmal an frappierenden Details, emotionalen Geschichten oder erstaunlichen Daten hängen, die wir abspeichern möchten. Aber jeder kennt wohl dieses zermürbende Gefühl, wenn er nach zwei oder drei dieser Informationen schon an die Kapazitätsgrenze stößt; und trotz verzweifelter Suche wollen einem die Hauptpunkte, Fakten oder

Stichwörter eines erst gestern gelesenen Zeitungsartikels oder Buches heute nicht mehr einfallen. Auch hier hilft die Loci-Methode.

Als Beispiel nehmen wir das Thema »Anti-Aging«. Wir gehen mal davon aus, dass Sie einen interessanten Artikel zu diesem Thema gelesen und dort zehn wichtige Stichwörter markiert haben. Diese Stichwörter stehen für bedeutende Fakten bzw. Empfehlungen, was man tun und wie man sich verhalten sollte, wenn man auch im Alter noch fit sein möchte (übrigens sind diese Ratschläge das Ergebnis umfassender Untersuchungen von enorm fitten Menschen im hohen Alter von weit über 90 Jahren!).

Für das Verankern dieser Information verwenden wir unsere Hotelzimmer-Route (siehe S. 116ff.), auf der wir die zehn Stichwörter als mentale Bilder ablegen. Bevor Sie zu jedem Stichwort meinen Vorschlag zum Mentalbild lesen, versuchen Sie als Training selbst kreative und fantasievolle Memo-Bilder zu erstellen.

1. ***30-Jahre-Schwelle:*** Begeben Sie sich mental zum Routenpunkt 1 des imaginären Hotelzimmers und visualisieren Sie dort in aller Klarheit eine riesige Torte mit 30 brennenden Kerzen, die Sie in Ihren Händen halten – spätestens von diesem Alter an müssen Sie auf die folgenden goldenen Regeln zum Fitsein im Alter achten.
2. ***Körperlich aktiv sein:*** Der Fernseher ist der nächste Routenpunkt. Stellen Sie sich vor, wie Sie ihn bis zur totalen Erschöpfung immer wieder in die Luft stemmen, um Ihre Muskeln zu stärken.
3. ***Unabhängig sein:*** Dieser Begriff ist sehr abstrakt und deshalb schwieriger abzuspeichern; der Trick ist, ein anschauliches Ersatzbild dazu zu finden. Ich denke, es bietet sich die Unabhängigkeitsstatue von New York an. Visualisieren Sie sich am Ort

des Kaktus, den Sie wie Liberty nach oben strecken, wobei Sie die voneinander unabhängigen Stacheln in den Händen spüren.

4. ***Mäßig und gesund essen:*** Am nächsten Routenpunkt, dem Fenster, sehen Sie, wie Sie dieses öffnen und mit den Armen nach einem kleinen Apfel vom Apfelbaum strecken. Es ist ein roter, knackiger, gesunder Apfel, beißen Sie hinein, aber machen Sie nur kleine Bisse in diesen winzigen Apfel: Nicht nur gesund, sondern auch mäßig sollte man essen.
5. ***Selbstbewusst und optimistisch sein:*** Wieder benötigen Sie Ihre Kreativität und Fantasie, um diese abstrakten Begriffe zu verbildlichen. Beantworten Sie sich die Frage: »Wer oder was ist selbstbewusst?« Na, haben Sie eine Antwort? Ich sehe für diese Eigenschaft einen stampfenden Gorilla, der sich in seiner ganzen Größe aufrichtet und mit seinen massigen Fäusten heftig auf die Brust schlägt. Visualisieren Sie ihn auf dem Tisch – und seien Sie optimistisch, dass der Tisch das gewaltige Gewicht des Gorillas trägt!
6. ***Gesellschaftsdrogen meiden:*** Sie sitzen auf dem 6. Routenpunkt, und es ist schon ganz schlecht um Sie bestellt. In der einen Hand halten Sie eine glimmende Zigarette und in der anderen ein volles Whiskyglas – selbst auf der Toilette können Sie diesen Lastern nicht entsagen.
7. ***Begeisterungsfähig sein:*** Es ist nur ein ganz normales Waschbecken, aber lassen Sie sich davon begeistern. Drehen Sie den Wasserhahn voll auf und genießen Sie die kühle Frische des Wassers. Stellen Sie sich vor, wie noch vor nicht viel mehr als hundert Jahren Menschen dieses für ein Wunderwerk der technischen Baukunst gehalten und Unsummen dafür bezahlt hätten.

8. ***Sozialer Kontakt ohne Konformität:*** Sozialer Kontakt bedeutet, einige liebe Menschen um sich herum zu haben; also sehen Sie sich mit Ihren Freunden in der Dusche; doch tun Sie es nicht, wie jeder es tun würde, zeigen Sie keine Konformität. Sie stehen nicht nackt darin, sondern mit Ihrer total verschmutzten Kleidung, um sie mal auf andere Art und etwas geselliger zu waschen.
9. ***Sich geistig fit halten:*** Der neunte Routenpunkt ist der Kleiderschrank. Aber Sie nutzen ihn nicht als solchen, denn durch Kleidung wird man kaum geistig gefordert. Öffnen Sie ihn, ja, er enthält alle Denkspiele und Intelligenzpuzzles, die Ihnen so einfallen. Setzen Sie sich mental hinein, und lösen Sie eines davon!
10. ***Ziele setzen: 100 Jahre:*** Die Tür ist der letzte Routenpunkt unserer kleinen Route und muss wieder mit etwas Abstraktem kombiniert werden. Nutzen Sie Ihr schon mehr und mehr entwickeltes Vorstellungsvermögen und schreiben Sie mit roter Kreide »100 Jahre +!« auf die Tür. Sehen Sie sich dabei mit 100 Jahren leicht gebeugt, aber immer noch rüstig, denn Sie haben sich ein Leben lang vorgenommen, 100 Jahre zu werden und dabei fit zu bleiben. Und als mentale Unterstützung können Sie noch eine Ritterrüstung anhaben, denn Sie haben im Hundertjährigen (Lebens-)Krieg gekämpft, aber geben immer noch nicht auf!

Haben Sie diese zehn Memo-Bilder wirklich klar bei der Erstellung visualisiert? Wenn ja, dann werden Sie keine Probleme haben, sie alle wieder abzurufen, wenn Sie die Augen schließen und die Hotelzimmer-Route wieder durchgehen. Was halten Sie auf dem Bett in der Hand? Was tun Sie mit dem Fernseher? Wie stehen Sie mit dem Kaktus da? Wonach greifen Sie aus dem Fenster? Wer steht auf dem Tisch und vollführt heftige Gebärden?

Probieren Sie es gleich bei der nächsten Gelegenheit und erzählen Sie Ihren Freunden oder Bekannten auf diese Weise die zehn Goldenen Regeln des »Anti-Aging«. Sie wollen dann wohl nicht nur mehr von Ihnen über die Loci-Methode wissen, sondern werden Ihnen wohl auch dankbar fürs Leben sein.

Sollte diese Methode nicht gleich auf Anhieb ohne Fehler klappen, besteht kein Grund, sich entmutigen zu lassen. Erstellen Sie einfach häufiger solche mentalen Memo-Bilder, und Sie werden sehen, dass diese durch Ihre zunehmende Fantasie immer schneller im Geist entstehen und durch Ihre sich steigernde Visualisationskraft immer mehr an Klarheit gewinnen, wodurch sie problemlos abrufbar werden.

***Wie meistere ich den Textwörter-Sprint?***

Die Routen-Methode eignet sich auch bestens zur Abspeicherung der Textwörter in der Testaufgabe. Überfliegen Sie den Text geschwind und legen Sie mental die einzelnen Textwörter auf einer vorher ausgearbeiteten, zehn Routenpunkte umfassenden Route als mentale Bilder ab. Die letzten Sekunden der Minute investieren Sie für eine schnelle Wiederholung der zehn Mentalbilder (so ganz nebenbei memorieren Sie dabei auch die Reihenfolge der Begriffe).

### Nie wieder Einkaufszettel!

Auf die gleiche Weise können Sie auch die Lebensmittel oder Haushaltswaren auf einer Route abspeichern und sich so den Einkaufszettel sparen (den man ja sowieso häufiger zu Hause vergisst). Erstellen Sie doch vorab eine Route mit zehn Routenpunkten, wobei Sie auf die Regeln zur Routenerstellung achten. Für die Einkaufsliste kann die Route zum Beispiel auf dem Weg zum Einkaufszentrum liegen.

Nun sollten Sie eine für Ihr Leben bedeutsame Entscheidung treffen: Sie werden nie wieder einen Einkaufszettel verwenden! Immer wenn Sie Einkaufen gehen wollen, machen Sie ein Memo-Bild aus dem Produkt, das Sie einkaufen wollen, und dem Routenpunkt Ihrer Einkaufsroute. So kann die Tüte Milch auf die Holztreppe (Ihr erster RP) donnern und dort eine Überschwemmung auslösen; die Zahnpastatube ist lustig um den Fahrradständer (zweiter RP) gewickelt; die Telefonzelle (dritter RP) ist mit saftigen Orangen vollgestopft (oder ein alternatives Bild mit mehr Gefühl: Stehen Sie in der Telefonzelle, und telefonieren Sie unverschämt lange, was die wartenden Menschen so in Rage bringt, dass sie voller Wucht Orangen an das Telefonhäuschen werfen). Und so weiter.

Wenn Sie diese Methode des Erstellens fantasievoller geistiger Bilder in Ihrem Alltagsleben und so weit wie möglich auch im Beruf und Hobby anwenden, werden diese Memo-Bilder immer deutlicher vor Ihrem inneren Auge entstehen und das Einprägen und Abrufen immens erleichtern. Die geeignete Route für berufliche Termine ist natürlich der Weg ins Büro.

Dieses spezielle mentale Training ist gut vergleichbar mit dem Ausdauertraining eines Läufers: Er wird durch regelmäßiges Training nicht nur immer schneller und läuft mit weniger Anstrengung, sondern sein Training bringt auch viele andere Vorteile: gesteigerte Koordinationsfähigkeit, positives Körpergefühl, Abbau von Stress und Schutz vor Herz-Kreislauf-Erkrankungen. Mit Memo-Methoden werden Sie nicht nur immer schneller und leichter die Gedächtnisaufgaben erledigen, sondern Sie werden auch flexibler im Denken, reicher in der Ideenfindung und schneller in der Problembewältigung.

**Tipp:** Fällen Sie die Entscheidung, zumindest für einige Wochen, wo immer möglich mentale Memo-Bilder (am besten mit Routenpunkten) zu erstellen, um Ihrem Geist die Chance zu geben, sich auf die neue Aufgabe einzustellen – Sie werden über den Lerneffekt erstaunt sein, und Ihre Imagination und Kreativität werden es Ihnen danken.

## *Nie wieder Termine verschwitzen!*

Wenn Sie die Loci-Methode zur Abspeicherung von Terminen oder sonstigen Tagespflichten einsetzen, eignet sich dafür natürlich eher eine Route, die Sie auf dem Weg zum Arbeitsplatz oder direkt am Arbeitsplatz erstellen. Diese Aufgabe wurde beim Termin-Cocktail im Eingangstest verlangt.

Lassen Sie mich anhand der ersten zwei Stichwörter für die dort erwähnten Termine den Einsatz der Methode erklären, wobei wir uns vornehmen, (genauso wie beim Test) den genauen Begriff zu memorieren:

***Wie meistere ich den Termin-Cocktail?***
Die genaue Reihenfolge der Termin-Begriffe zu memorieren ist bei dieser Testaufgabe das vorherrschende Problem. Gerade die Loci-Methode ist dafür bestens geeignet. Sie müssen jedoch auch den exakten Begriff wiedergeben, und deshalb ist es wichtig, dass Sie Ihr mentales Bild wieder korrekt zurückcodieren. Decken Sie dazu die zu memorierenden Wörter ab, machen Sie Ihren mentalen Abrufspaziergang, und überprüfen Sie jedes Mal, ob Ihr Memo-Bild auch zum identischen Begriff führt; ansonsten müssen Sie das Bild noch ein wenig ergänzen. So könnte es sein, dass Sie klar und deutlich ein mentales Bild für »Kontoauszug« vor dem inneren Auge sehen, es aber fälschlicherweise zu »Bankauszug« zurückcodieren (im Alltag ist dies zum Glück nicht so dramatisch, bei Gedächtnismeisterschaften schon: Genau dies passierte mir bei der Weltmeisterschaft 1999 – null Punkte für diese Disziplin). Am Schluss wiederholen Sie dann noch ein zweites Mal.

**Teewasser** (aufsetzen): Nehmen wir an, Ihr erster Routenpunkt am Arbeitsplatz ist das Telefon. Den Begriff »Teewasser« speichern Sie also am Telefon ab. Stellen Sie sich vor, wie Sie Ihr kochendes »Teewasser« in den Telefonhörer gießen, weil der Anrufer Sie total nervt und Sie von ihm die Nase voll haben.

**Hausmeister** (verständigen): Dann gehen Sie mental zum zweiten Routenpunkt, dem abschließbaren Büroschrank. Hier sehen Sie den »Hausmeister«, wie er mit Zange und Hammer verzweifelt versucht, den Schrank zu öffnen.

Damit Sie auch wirklich keine dieser Verpflichtungen vergessen, sollten Sie nun testen, ob die Mentalbilder auch »sitzen«. Gehen Sie im Geist Ihre Büro-Route ab und versuchen Sie, an jedem Routenpunkt das erstellte Mentalbild wiederzusehen. Wenn dies gelingt, war die Abspeicherung erfolgreich; wenn dagegen der Routenpunkt ganz leer ist, Ihnen also das Memo-Bild gar nicht mehr einfallen will, dann verstärken Sie es durch zusätzliche fantasievolle Assoziationen. Oder bauen Sie ein ganz neues Bild (verstecken Sie den Hausmeister im Büroschrank vor seiner aufgebrachten Frau). Beim zweiten Wiederholen sollten dann alle mentalen Memo-Bilder klar abrufbar sein!

## Witze memorieren

Es ist ganz erstaunlich, wie viele Menschen Probleme haben, sich Witze zu merken. Obwohl sie wohl schon einige Hundert davon in ihrem Leben gehört haben, können die meisten nicht mal zwei oder drei Witze zum Besten geben – oft genug wäre ein Lacher zum Einstieg in ein Gespräch doch unbezahlbar. Trotz verzweifelter Suche im Gedächtnis ist in einem solchen Augenblick einfach kein Witz abrufbar, geschweige denn einer der besseren Sorte. Und dabei würde schon ein Stichwort reichen, um sich wieder an den Lieblingswitz erinnern zu können! Genau diese Tatsache nutzen wir für das Abspeichern von Witzen.

Auch dabei benötigen wir wieder eine Route, die am Anfang nicht allzu lang sein muss, aber peu à peu verlängert werden kann. Vielleicht erinnern Sie sich noch genau an einen Zirkus, den Sie als Kind gelegentlich besucht haben; oder an einen anderen Ort, den Sie mit viel Spaß in Verbindung bringen. Blicken Sie in diese Vergangenheit zurück und erstellen Sie dort fünf Routenpunkte für Ihre fünf Lieblingswitze. Was dann kommt, wissen Sie bereits: Sie finden ein markantes Stichwort des Witzes und bauen es zu einem aussagekräftigen Bild um, und dieses Witzbild kombinieren Sie dann mit dem Routenpunkt.

Zwei Beispiele zeigen Ihnen das:

*Alfons traurig am Stammtisch: »Schlimm, meine Frau ist eine Kratzbürste, ihre Schwester ein Reibeisen und meine Schwiegermutter ein Besen!«*
*»Das ist doch fein«, kommentiert Kurt. »Da passt du als Waschlappen doch bestens dazu!«*

Nehmen wir an, im Zirkus ist der Kassenwagen Ihr erster Routenpunkt: Das markante Stichwort des Witzes ist der Waschlappen, also sehen Sie sich, wie Sie mit einem riesigen Waschlappen die Glasscheibe putzen. Zusätzlich sehen Sie noch hinter der Glasscheibe eine Kassiererin mit Kratzbürste, eine zweite mit Reibeisen und eine dritte ältere Kassiererin mit einem Besen, die alle ebenfalls den Kassenwagen putzen. Wenn Sie dieses mentale Memo-Bild für den Witz auch nur im Groben vor Ihrem geistigen Auge sehen, werden Sie den richtigen Zusammenhang wiederherstellen können, um den Witz vollständig zu erzählen.

*Bericht eines Schiffbrüchigen: »Wir waren fünf Mann in einem Schlauchboot. Zum Schluss hatten wir so großen Hunger, dass wir unsere Schuhe aufessen mussten. Ich habe als Einziger überlebt.«*
*»Sie waren wohl der Stärkste, wie?«*
*»Nein, ich habe Schuhgröße 50!«*

Der zweite Routenpunkt ist vielleicht Ihr Sitzplatz am Rand der Zuschauerplätze: Die zwei markanten Stichwörter sind Schlauchboot und Schuhgröße 50. Visualisieren Sie ein riesiges Schlauchboot auf den Rängen, in dem alle Zuschauer sitzen; in der Mitte liegen Sie und beißen in Ihre riesigen Schuhe hinein. Auch dieses Memo-Bild wird die Erinnerung an den eigentlichen Witz wecken.

Weitere Routenpunkte könnten der Manegenrand, die Mitte der Manege oder der Vorhang der Bühne sein; positionieren Sie dort weitere Ihrer Lieblingswitze, oder legen Sie Witze, die Ihnen sehr gut gefallen, sofort dort ab. Mit einem Arsenal an Witzen (oder lustigen Anekdoten) werden Sie jede kritische Situation mit Humor meistern!

## *Nie Argumente vergessen!*

Es gibt unzählige Situationen, bei denen man keine Möglichkeit hat, Interessantes aufzuschreiben. Eine Meldung, die man in der Zeitung des Sitznachbarn in der U-Bahn liest und behalten möchte oder eine spontane Diskussion im Büro – die Argumente der Kollegen fliegen durcheinander, und zu fast jedem Punkt haben Sie etwas anzumerken. Aber schon nach ein wenig Konversation gerät das erste eigene Argument in Vergessenheit. Viele Menschen halten es für gerechtfertigt, einen anderen beim Reden zu unterbrechen mit der Entschuldigung, dass sie ihren Standpunkt gleich einbringen müssen, da sie ihn sonst vergessen. Eine fruchtbare Diskussion ist auf diese Weise kaum möglich. Also erstellen Sie auf die Schnelle Memo-Bilder für Ihre Argumente mit einer Route, die Sie immer parat haben: die Körper-Route. Obgleich wir viele einzelne, unterschiedliche Körperteile haben und man durchaus viele davon als Routenpunkte hernehmen könnte, empfehle ich, aufgrund der Nähe und Gleichartigkeit lediglich fünf Routenpunkte über den eigenen Körper zu verteilen und zur Abspeicherung einzusetzen:

1. Kopf,
2. Hände,
3. Lende,
4. Knie und
5. Füße.

Verknüpfen Sie ein anschauliches Bild, das für Ihr Argument oder eine bestimmte Frage oder Sonstiges steht, mit einem dieser Körperteile auf fantasievolle Weise, und verlieren Sie so die Angst, das wieder zu vergessen.

Lassen Sie mich Ihnen ein Beispiel geben von einer Situation, die ich während meines Studiums oft mit Professoren oder auch im Berufsleben erlebt habe. Nach einer Vorlesung oder einem Vortrag dürfen Zuhörer Fragen an den Referenten stellen. Gerade wenn der Vortragende sich in weiten Abschnitten unklar und schwammig ausgedrückt hat, beginnt die offene Diskussion mit solchen Endlos-Fragen-Katalogen:

*»Meine erste Frage betrifft die Kostenaspekte – sie wurden nicht eindeutig ersichtlich. Wie viel hat die Werbung insgesamt gekostet?*
*Zweitens haben Sie gesagt, dass vom Unternehmen starke Einwände kamen. Welche Argumente wurden vorgebracht?*
*Und drittens sprachen Sie die Qualität des neuen Produkts an. Was ist das bedeutendste Merkmal?*
*Ach übrigens, bevor Sie antworten, noch eine letzte Frage: Welche Stückzahlen werden für das erste Produktionsjahr anvisiert?«*

Bei so einer Flut von Fragen sind die meisten überfordert, und man darf sich schon mal auf die verunsicherte und kleinlaute Erwiderung gefasst machen: »Äh, wie war die erste Frage nochmal?« Wenn der Redner jedoch voller Selbstbewusstsein die einzelnen Fragen lückenlos und auch noch in der richtigen Reihenfolge beantwortet, kann er sich des Respekts der Zuhörer sicher sein.

Und so bewerkstelligt man das Abarbeiten des Fragenkatalogs:

- Die Kostenaspekte werden durch Geldscheine kodiert, die aus dem Kopf herausragen, für die Werbung steckt zusätzlich noch eine Fahne im Schädel.
- Die Einwände sind »Wände«; mit den Händen stemmen Sie sich dagegen.
- Für Qualität steht Ihre neue Seidenunterwäsche, die Sie an den Lenden tragen.
- Die Stückzahlen visualisieren Sie in Form einer Reihe von künstlichen Knien, die Sie im nächsten Jahr vielleicht benötigen werden, weil Sie immer noch viel Fußball spielen.

Ich weiß natürlich, dass es nicht so leicht ist, schnell auf kreative Gedanken zu kommen; aber die Erfahrung zeigt, dass es nur eine Frage des Trainings ist. Durch ein bisschen Übung sprudeln diese fantasievollen Ideen nur so aus Ihnen heraus! Es ist gut vergleichbar mit dem Erlernen einer neuen Sportart oder einer neuen Sprache. Zu Beginn erscheint das Neue als schier unüberwindlicher Berg, und dann – irgendwann – kann man gar nicht mehr begreifen, dass es einem einmal als etwas Unmögliches erschien. Genauso ist es im mentalen Bereich: Durch Strukturierung und Training können Sie die unglaublichsten Datenmengen in Ihrem Oberstübchen ablegen. Und es gibt viele spontan entstehende Möglichkeiten, Informationen mit dem Körpersystem abzulegen, sodass Sie enorm kompetent erscheinen und andere durch Ihr exakt funktionierendes Gedächtnis verblüffen. Versuchen Sie es einfach!

## Übungsvorschläge

### *Die Welt ist voller Routenpunkte*

Schärfen Sie Ihr Wahrnehmungsvermögen für Routenpunkte. Betrachten Sie die Umgebung mit neuen Augen – sie ist ein großer Lagerraum zur Abspeicherung von Wissen. Bekommen Sie ein Gefühl dafür, welcher Gegenstand und welcher Platz sich für *Sie* als Routenpunkt eignet. Versuchen Sie ganz bewusst, diese Routenpunkte mit allen möglichen Sinneswahrnehmungen zu erfahren und aufzunehmen. Streichen Sie über die Rinde eines Baumes und riechen Sie daran; klopfen Sie auf die metallische Rutschfläche einer Rutsche auf dem Spielplatz; oder lecken Sie gar an Ihrer großen chinesischen Porzellanvase. All dieses mögen neue oder zumindest sehr seltene Eindrücke für Ihr Gehirn sein, welches durch diese ungewohnte Information wieder etwas mehr aktiviert wird und ganz allgemein für eine breitere Sichtweise der Welt und das Leben offener wird. Sehr hilfreich ist auch das Erkunden mit Kindern, die uns oft eine neue Sicht von Dingen, Räumen und Landschaften vermitteln können.

### *Urlaube mit der Loci-Methode abspeichern*

Schon seit Jahren habe ich es mir mit meiner Partnerin zur Gewohnheit gemacht, unsere Urlaubsorte als Route mit 40 bis 100 Routenpunkten abzuspeichern. Dafür schlendern wir nach einigen Tagen unseres Aufenthalts gemächlich an den schönen und markanten Plätzen unseres Urlaubsdomizils entlang, diskutieren über die Aufnahme in unsere dortige Urlaubsroute und »fotografieren« den Routenpunkt quasi mit unserem internen »Fünf-Sinne-Fotoapparat«. Dabei beachten wir natürlich die Regeln, feilen im Verlauf des Urlaubs noch immer ein bisschen an den Punkten herum und gehen sie dann noch ein- oder zweimal ab. Und fast immer testen wir die Qualität der frischen Route schon während des Urlaubs für die Abspeicherung von Zahlen, Spielkarten, Vokabeln. Es ist dann ein faszinierendes Gefühl, wenn die Route bereits so klar und funktionstüchtig ist, dass wir schon im Urlaub damit Gedächtnisrekorde brechen können – wenn auch nur inoffiziell!

Es gibt jedoch noch einen anderen Beweggrund, Routen im Urlaub zu erstellen. Die Urlaubszeit sollte eine tolle, erholsame oder ereignisreiche Zeit mit vielen schönen Erinnerungen und Empfindungen sein, an die man sich gern gerade in stressigen und beschwerlichen Situationen wieder zurückerinnert. Zuweilen machen meine Partnerin und ich einen solchen mentalen Urlaubsspaziergang durch die 100 Routenpunkte unseres Urlaubs am weiten weißen Strand von Fuerteventura, im italienischen Tennishotel mit herrlichem Blick über den Gardasee, auf der Ponderosa-Ranch von Bonanza in Kalifornien oder zu unserer wilden Biketour auf den Spuren von König Ludwig II.

Mit dieser fantastischen Loci-Methode wird eine zweitägige Gedächtnisweltmeisterschaft kein mühsames und trockenes Gepauke, sondern vielmehr eine lange und spannende Mentalreise durch die aufleuchtende Welt der eigenen Vergangenheit! Obgleich ich physisch die 15 bis 20 Stunden des Wettkampfs nur auf meinem Stuhl immer am gleichen Ort sitze, bewege ich mich gedanklich doch über zigtausend Kilometer – insgesamt mehrere Tausend Routenpunkte abschreitend, an denen ich meine alten Erinnerungen auf immer wieder einmalige und fantasievolle Weise mit der neu zu lernenden Information verschmelze. Dies geschieht in einem Zustand vollkommener Konzentration und geistiger Wachheit. Das spätere Abrufen der Information vermittelt einem die schönsten Glücksgefühle, denn die geistigen Bilder sind so deutlich vor dem inneren Auge sichtbar und regelrecht spürbar, dass ich immer wieder selbst von der Visualisationskraft und der Leistungsfähigkeit des menschlichen Geistes fasziniert bin.

## *Persönliche Routen für das Selbstbewusstsein*

Hinter der Überschrift des Kapitels verbergen sich ungeahnte Anwendungen der Loci-Methode. So können Sie in die weit zurückliegende Vergangenheit Ihrer Kindheit zurückgehen und mehr über sich selbst erfahren, indem Sie analysieren, welche Erinnerungsbilder nur schwach aufleuchten und welche so stark sind, dass sie intensive Gefühle in Ihnen wecken. Nutzen Sie dann diese Kenntnisse, um auch rückwirkend Routen in Ihrem damaligen Kinderzimmer oder der Wohnung Ihrer Oma zu erstellen. Meine besten Routen sind mit diesen Kindheitserinnerungen entstanden.

Diese frühesten Erinnerungen aus der Kindheit sind als Route für sehr persönliche Angelegenheiten bestens geeignet. So könnten Sie eine Liste Ihrer zehn positiven Merkmale und Stärken erstellen. Eine solche Liste eigener Stärken erstellt zu haben ist ohnehin wichtig für die persönliche Entwicklung. Wenn Sie diese Punkte dann noch mit der Loci-Methode abspeichern, sind Sie für jene Situationen gewappnet, in denen Ihr Selbstbewusstsein irgendwelchen Krisen ausgesetzt ist und Sie von außen keine Unterstützung erfahren. Gehen Sie dann in aller Ruhe Ihre persönliche Zehn-Pluspunkte-Route ab, und bauen Sie sich so wieder auf.

Ich konnte leider nur einige wenige Anwendungsaspekte der Loci-Methode in diesem begrenzten Rahmen erwähnen. Ich hoffe aber, dass Ihnen das Prinzip dieser verblüffenden Methode klar geworden ist und Sie auch schon durch das Training damit Ihre Kreativität und Ideenreichtum so weit entwickelt haben, dass Ihnen selber viele andere Einsatzmöglichkeiten einfallen. Am Ende des Buches finden Sie meine Kontaktadresse, ich würde mich sehr freuen, über Ihre besonderen Ideen zur Anwendung der Loci-Methode zu erfahren!

**Verona und ihr Loci-Zimmer**

*Fast 12 Millionen Zuschauer haben es live miterlebt: In nur knapp zwei Stunden konnte ich die Gedächtnisleistung von Verona Feldbusch in der Grips-Show mit Günther Jauch am 20. 1. 2002 um mehr als 100 Prozent steigern. Von 20 (größtenteils sehr schwierigen) Begriffen merkte sie sich nach einmaligem Hören 17 in der richtigen Reihenfolge (und mit kleiner Hilfestellung sogar 19)! Dies schaffte sie mit Hilfe der Loci-Methode – hierfür konzipierte ich für Verona extra einen Raum mit 20 markanten Loci-Punkten. Als Verona verstanden hatte, wie die Methode funktioniert, machte sie interessiert und eifrig mein Gedächtnistraining mit. Dank der 20 eingeprägten Loci-Punkte und ihrer durch das Training aktivierten Fantasie und Visualisationskraft bestand sie dann mit Bravour die Gedächtnisaufgabe. (Übrigens wusste sie alle Begriffe noch Tage später und »nervte« ihren Freund, ihren Manager und ihr ganzes Umfeld mit ihrem neuen Wissen von der faszinierenden Welt der Gedächtniskunst.)*

# Als Gedächtnis-Jongleur den Alltag meistern

Dass man die Grenzen seines Gedächtnisses im Alltag immer wieder zu spüren bekommt, ist für Sie nichts Neues. Allenthalben lauern die Gefahren des Vergessens. Was man gegen den neuronalen Datenverlust tun kann, zeigt dieses Kapitel. Sie erfahren, warum das Jonglieren – etwa mit Bällen – eine hervorragende Gedächtnisübung ist: So wie ein Jongleur seine Aufgabe souverän meistert, können auch Sie im Alltag mit all den vielen unterschiedlichen (Gedächtnis-)Aufgaben meisterlich jonglieren.

## Erinnerungsprobleme des Alltags meistern

Ob es sich um Professor Habakuk Tibatong aus der Augsburger Puppenkiste handelt oder den belgischen Hochschullehrer, der im Sommersemester 2001 seinen Pädagogik-Studenten auf dem Fragebogen der Semesterprüfung gleich die richtigen Lösungen angestrichen hatte – immer wieder wird ein gebildeter Mensch als »zerstreuter Professor« entlarvt. Irgendwie scheint dieser Begriff ein Widerspruch in sich selbst zu sein. Man muss doch davon ausgehen, dass ein Professor ein sehr gutes Gedächtnis hat; wie sonst hätte er sein enormes Wissen aufnehmen und behalten können. Andererseits erscheint die Spezies akademischer Wirrköpfe deswegen so ineffektiv, weil sie wichtige – meist praktische – Details vergisst. Mitunter wirken die theoretisch so hoch Begabten im Alltag verfahren, und es fällt ihnen schwer, die richtigen Worte zu finden, auch wenn es sich um die eigene Erfindung handelt – alles Merkmale, die der amerikanische Schauspieler Robin Williams im Film »Flubber« vorbildlich darstellte.

Auch über Einstein gibt es ein paar nette Geschichten, die sich mit dem Zurechtfinden im Alltag beschäftigen. Ihm war der Alltag zu kompliziert, und er versuchte eher, ihn zu vereinfachen, als sich bessere Möglichkeiten des Merkens und der Kontrolle auszudenken. So benutzte er normale Seife nicht nur fürs Waschen, sondern auch fürs Rasieren – also keine spezielle Rasiercreme. Gefragt, warum, erwiderte er: »Zwei Seifen? Das ist zu kompliziert!«

Wissenschaftlich gesehen, lässt sich das Phänomen »zerstreuter Professor« jedoch ganz gut mit zwei weiteren Gedächtniskategorien, dem »retrospektiven Gedächtnis« und »prospektiven Gedächtnis« erklären.

Das »retrospektive Gedächtnis«, welches ich als »akademisches Gedächtnis« bezeichne, bezieht sich auf alle Gedächtnisleistungen, die bewusst erbracht werden. Wenn Sie sich aktiv und ganz bewusst Namen, Telefonnummern oder Vokabeln einprägen, ist dieses Gedächtnis gefragt.

Das »prospektive Gedächtnis«, für welches ich den Begriff »Alltagsgedächtnis« passend finde, erfüllt die gegensätzliche Aufgabe: Es ist für die unbewusste Abspeicherung von Information zuständig. Wenn Sie mit Ihrem Partner heftig diskutieren und dabei Ihre Brille ablegen, so tun sie dieses wohl nicht bewusst und müssen sich später auf Ihr »Alltagsgedächtnis« verlassen, wenn Sie die Augengläser wiederfinden möchten.

*Prospektives Gedächtnis oder »Alltagsgedächtnis«*

Gerade in den letzten Jahren hat sich die Wissenschaft mehr mit der Ausprägung und Funktionsweise dieses unbewussten Gedächtnisses beschäftigt. Eines der Ergebnisse ist, dass im Grunde kein funktionaler Zusammenhang besteht. Einige Experimente belegen sogar eine »negative Korrelation«. Platt ausgedrückt: Wenn man ein hervorragendes akademisches Gedächtnis hat, kann es gut sein, dass das Alltagsgedächtnis Schwächen zeigt, und umgekehrt.

Jeder, der seine akademische Laufbahn schon früher beenden musste, mag seinen Trost daraus ziehen! Und wer seiner Umgebung wegen chronischer Unzuverlässigkeit oder unerklärlicher, akuter Datenlöschungen auf die Nerven geht, mag durch die nachfolgenden Tipps ein Meister des Gedächtnisalltags werden.

## *Schussel sucht Schlüssel?*

Zwar ersetzen körpereigene, so genannte biometrische Merkmale (Fingerabdruck, Iris) oder Zahlencodes immer öfter den Schlüssel als klassischen Öffner – auf absehbare Zeit werden wir uns aber weiterhin mit dem Suchen nach einzelnen Schlüsseln oder Schlüsselbunden herumschlagen müssen, um Türen, Safes oder Fahrzeuge zu öffnen. Denn es scheint geradezu eine Eigenart der ständigen Begleiter zu sein, sich unserem Blickwinkel zu entziehen. Und das Suchen nach wichtigen Utensilien gehört zu den ungesündesten Aktionen, denkt man nur an die Gefahren des erhöhten Adrenalinspiegels und des steigenden Blutdrucks, die sich gerne einstellen, wenn man Verlegtes verzweifelt sucht. Aber es existieren auch für dieses Übel probate Lösungen:

Zum einen können wir unser bewusstes (akademisches) Gedächtnis unter gleichzeitiger Zuhilfenahme unseres Vorstellungsvermögens einsetzen. Versuchen Sie also bei allen Dingen, die Sie öfters verlegen, diese *ganz bewusst* abzulegen. Sagen Sie mit Ihrer inneren Stimme: »Jetzt lege ich die Schlüssel auf das Bücherregal!« Visualisieren Sie zusätzlich noch ein fantasievolles Bild; etwa dass der Schlüssel als Lesezeichen im Buch steckt oder Sie mit dem Schlüssel ins Bücherregal das Wort »Hier« einritzen. Sie werden sehen, dass es regelrecht Freude bereitet, diese sonst so heimtückisch sich verkriechenden Sachen bewusst kreativ und visualisierend zu platzieren. Es ist wie ein kleiner Sieg gegen die Unbill des Vergessens. Denn Sie werden schon beim Ablegen wissen, dass Sie sich zumindest in diesem Fall später daran erinnern werden und nicht suchen müssen!

Es gibt jedoch Menschen, bei denen diese Methode nicht so gut funktioniert, da sie häufig sehr in Gedanken vertieft sind, während sie sich der Brille oder des Schlüssels entledigen. Und wenn diese Dinge erst einmal unbewusst abgelegt worden sind, so ist die Chance relativ gering, sich auch unter größter Anstrengung wieder daran zu erinnern. In diesem Fall rate ich zu einem strukturierten Vorgehen: Entscheiden Sie, wo Sie diese ärgerlichen Utensilien zu Hause, im Büro oder in der Kleidung deponieren wollen. Wählen Sie nicht nur einen Ort, denn dann werden Sie häufiger zu träge sein, durch die ganze Wohnung zu laufen, um diese zum geplanten Ort zu bringen. Jedoch sollten es auch nicht zu viele sein, denn dann müssten Sie all diese Stationen zum Wiederfinden anlaufen; zwei bis vier solcher »Platzierungsorte« haben sich als sinnvoll herausgestellt.

Zum Beispiel lege ich mein Portemonnaie stets entweder auf die Kommode im Flur, auf den Schreibtisch neben den Computer oder in der Küche auf einen speziellen Platz der Anrichte. Dieses

Vorgehen hat sich bei mir schon so fest eingeprägt, dass ich ein kleines Warnsignal verspüre, wenn mein Arm sich anschickt, das Portemonnaie an einen anderen Ort zu legen.

Zugegebenermaßen kostet es ein wenig »Geistesenergie« und macht ein bisschen Mühe, diese Methoden umzusetzen, zumindest am Anfang. Aber dann werden Sie dieses Alltagsproblem souverän meistern und über all jene schmunzeln können, die in hektischer Verzweiflung wieder einmal ihre Suchroutine nach der verlegten Brieftasche oder dem Autoschlüssel durchlaufen.

## *Verflixt: Auf der Zunge statt im Hirn*

Man weiß genau, er war der mutmaßliche Mörder von John F. Kennedy, wurde selbst im Gerichtsgebäude ermordet, wies markante Gesichtszüge auf, und man sieht förmlich noch die dramatischen Bilder dieses schrecklichen Attentats im Jahre 1963: Aber wie hieß der Mann? Ein typisches »Es-liegt-mir-auf-der-Zunge-Problem«.

Man weiß ganz genau, dass man das Wort, den Begriff oder den Namen kennt, doch es fällt einem in diesem Moment nicht ein. Krampfhaft versucht man, die sich gegen einen Abruf sträubende Information aus den Tiefen des Gedächtnisses hervorzuholen, aber vergeblich. Stunden später, zum Beispiel im Theater, geschieht es dann: Einem Geistesblitz gleich, fällt einem die zuvor verzweifelt gesuchte Information ohne jegliche Anstrengung und Mühe wieder ein. Tja, unser Gedächtnis schlägt uns gelegentlich schon ein paar Schnippchen, und scheinbar immer häufiger mit zunehmendem Alter. (Übrigens, die Antwort lautet: Lee Harvey Oswald.)

Bei diesem Problem gibt es leider keine Patentlösung, dafür ist der Abspeichermechanismus unseres Gedächtnisses zu komplex.

Aber ich kann Ihnen für solche Situationen drei Ratschläge geben, die Sie der Reihe nach durchgehen sollten, wenn Ihnen mal wieder was auf der Zunge liegt, was kein Essen ist:

**1.** *Versuchen Sie sich an die Situation zu erinnern, in der Sie die gesuchte Information abgespeichert haben. Rufen Sie sich die Räumlichkeiten, das Umfeld, die genaueren Umstände so lebhaft wie möglich wieder ins Gedächtnis zurück; setzen Sie möglichst alle Sinnesmodalitäten dafür ein. Ist ein deutliches mentales Bild von dieser Situation in Ihrem Kopf entstanden, dann versuchen Sie erneut, Zugriff auf die »widerspenstige« Information zu bekommen.*

Das Gedächtnis speichert Informationen nie isoliert, sondern legt sie im gesamten Kontext ab. Der wissenschaftliche Begriff dafür ist *Kontext-abhängiges Lernen*. Der renommierte englische Gedächtnisforscher Alan Baddeley hat sich genauer mit diesem Phänomen beschäftigt. So hat er verschiedenen Gruppen von Tauchern sowohl unter Wasser als auch am Strand Memorieraufgaben gegeben; später sollten sie dann diese entweder unter Wasser oder am Strand wiedergeben. Das Resultat war eindeutig: Die Erinnerung war an dem Ort am besten, an dem die Information aufgenommen wurde!

Setzen Sie diese Kenntnis über das »Abspeichern im Kontext« bewusst ein, um die Wahrscheinlichkeit des Wiedererinnerns zu erhöhen. Sollte Ihnen beispielsweise der Sänger des Rock-Klassikers »We are the Champions« entfallen sein, empfiehlt es sich, die Melodie zu pfeifen und an eines seiner Konzerte zu denken, das man vielleicht im Fernseher verfolgt hat. Oder haben Sie gar eine Platte seiner Gruppe (»Queen«) im Regal?

**2.** *Fällt Ihnen der gesuchte Name oder Begriff nicht ein, so gehen Sie einfach das Alphabet langsam durch und probieren Sie aus, ob ein bestimmter Buchstabe Ihre Erinnerung »erleuchtet«.*

Häufig reichen kleine Hinweise, um die gesuchte Information schlagartig ins Bewusstsein zurückzuholen. Der erste Buchstabe wirkt gleichsam als ein Richtungspfeiler für das Gedächtnis, was auch durch wissenschaftliche Untersuchungen bestätigt wurde; der zweite Buchstabe hat dagegen kaum eine Bedeutung für einen besseren Abruf von Information. Auf der Suche nach dem Musiker, der »We are the Champions« komponierte, werden Sie vermutlich durch das »F« des Vornamens und das »M« des Nachnamens von allen Qualen erlöst.

**3.** *Denken Sie für einen kurzen oder auch längeren Moment an etwas ganz anderes.*

Auch Gedanken können sich anscheinend wie Personen verirren und durch Anspannung, Hektik und Stress die Orientierung zunehmend unmöglicher machen. In einer solchen Situation sollte man zur Ruhe kommen und an etwas ganz anderes denken: Wie lautet der Wetterbericht von morgen? Oder multiplizieren Sie zweistellige Zahlen im Kopf, das lenkt ab! Bei einem zweiten oder dritten Versuch könnte es dann klappen: Natürlich, »We are the Champions« ist einer der größten Hits von Freddy Mercury!

Wie gesagt, auch diese drei Ratschläge führen nicht immer zum Erfolg, aber trösten Sie sich damit, dass dieses kurzzeitige Vergessen auch für die größten Geister unserer Zeit zum Alltag gehört und es aufgrund der in unserem Gehirn gespeicherten, nahezu unendlichen Datenmenge eigentlich erstaunlich ist, dass wir nicht häufiger Informationshappen nur »auf der Zunge« haben, ohne sie aussprechen zu können.

## *Der Herd, das Bügeleisen, die Kerze. Hilfe!*

Der Alltag mit seinen vielfältigen Anforderungen und Aufgaben, die allzu oft in Hektik ablaufen und bei denen man mit den Gedanken häufig ganz woanders ist, stellt einen zuweilen vor erschreckende Gedächtnisprobleme.

So können einem folgende Fragen ganz unerwartet durch den Kopf schießen und den Angstschweiß auf die Stirne treiben: Habe ich den Herd ausgemacht? Ist der Stecker des Bügeleisens herausgezogen und die Kerze ausgeblasen? Wenn einen solche Gedanken beim Flug in den Urlaub quälen, dann fliegt ein Stressfaktor gleich mit!

Es ist nicht leicht, für ein solches Erinnerungsproblem einen Rat zu geben, denn der Vorgang liegt in der Vergangenheit und lässt sich nicht mehr weiter beeinflussen. Aber jedem, dem solche Erinnerungszweifel häufiger kommen, dem rate ich – quasi zur Vorbeugung – Folgendes: Tun Sie ein- oder mehrmals alle für Sie kritischen Tätigkeitsabläufe ganz bewusst. Ziehen Sie den Stecker des Bügeleisens ganz bewusst aus der Steckdose!

Empfinden Sie dabei die Kraftanstrengung zu Beginn des Zuges und den erleichternden Schwung nach der Entkopplung. Nehmen Sie intensiv das visuelle Bild auf, wenn der Stecker aus der Steckdose herausflutscht. Und vernehmen Sie auch das dafür typische »Klack«-Geräusch. Genießen Sie die Sicherheit des vom Strom entkoppelten Gerätes, das nun keinen Schaden mehr anrichten kann.

Durch dieses bewusste Tun schaffen Sie für spätere Erinnerungsunsicherheiten eine Referenzbasis, zu der Sie in zukünftigen von Angst und Zweifel geprägten Situationen leichter und sicherer die korrekte Antwort selbst finden können.

## *Besser als der Knoten im Taschentuch*

Es soll ja Menschen geben, die nachts spontan aufstehen, wenn ihnen ein genialer Gedanke kommt, und jede Idee aufschreiben: sei es die Formulierung für einen Vortrag, die spezielle Lösung einer Differenzialgleichung oder das vergessen geglaubte Backrezept der Großmutter. Andere Zeitgenossen tragen immer und überall einen Zettel und Bleistift bei sich, um Gedankenblitze zu fixieren – vor dem Schlafengehen werden die Gedankenstützen natürlich auf dem Nachttisch abgelegt. Wenn Ihnen die nötige Konsequenz dazu fehlt, leiden Sie sicher mitunter am »Daran-will-ich-mich-erinnern-Problem«: Auch höchst triviale Gedanken und Ideen verweigern sich manchmal, im Langzeitgedächtnis Platz zu nehmen.

Das Standardrezept früherer Zeiten, der Knoten im Taschentuch, hat sich in den wenigsten Fällen als praktikable Erinnerungshilfe erwiesen. Als Datenspeicher ist das Stoffknäuel auch gänzlich ungeeignet, erlaubt es doch keinerlei Rückschluss auf die Information. Der schlichte Hinweis: »Da war doch etwas Wichtiges, an das du dich erinnern wolltest« reicht – so weit haben Sie die Funktion unseres Gehirns bereits durchschaut – nicht aus, um einen Sachverhalt aus dem Gedächtnis zu holen.

Eine bessere Erinnerungshilfe wäre ein Notizzettel. Aber er muss unbedingt die erste Regel für Erinnerungshilfen erfüllen: Er sollte aktivierend sichtbar platziert sein. Schon oft musste ich mir von Freunden und Bekannten in einer Situation, in der sie wieder

**Tipp:** Jede Erinnerungshilfe hat drei Kriterien zu erfüllen: **1.** Sie sollte aktivierend sichtbar platziert sein. **2.** Sie sollte einen eindeutigen Hinweis liefern. **3.** Und sie sollte in zeitlicher Nähe zum Ereignis stehen.

einmal etwas vergessen hatten, anhören: »Ich habe mir eine schriftliche Notiz gemacht, aber ich kam nicht mehr ins Büro, wo der Notizzettel am Computer klebt.« Obwohl ich später Memoriermethoden vorstellen werde, die unabhängig von den hier besprochenen so genannten externen Gedächtnishilfen sind, möchte ich doch ein paar Ratschläge geben, wie Sie mit den gängigen Mitteln am besten umgehen sollten. So sollten Sie einen Notizzettel unbedingt immer so platzieren, dass Sie sicherstellen, ihn auch im entscheidenden Augenblick wahrzunehmen! Auch der 800 Euro teure Organizer mit allen beruflichen Tagesterminen nützt Ihnen nichts, wenn Sie ihn zu Hause vergessen haben und ihn nun im Job brauchen.

Zum zweiten sollte jede Erinnerungshilfe einen eindeutigen Hinweis liefern. Schreibt man »Gärtnerei« auf seinen Notizzettel, damit man nicht vergisst, am nächsten Tag in die Gärtnerei zu gehen, um dort nach dem besten Dünger für Palmen zu fragen, so kann der Zettel 24 Stunden später einem so unverständlich sein, wie eine Botschaft aus einer anderen Welt: »Was will ich eigentlich in der Gärtnerei?« Wenn es Ihnen nicht einfällt, zerknüllen Sie wahrscheinlich diesen Zettel, schmeißen ihn weg und gehen nicht zur Gärtnerei. Lernen Sie Ihr Gehirn kennen, und erfahren Sie über sich, welche Informationen Sie niederlegen müssen, damit

Sie sich zu 100 Prozent an das erinnern, an das Sie sich zu erinnern wünschen: Gärtnerei-Palme-Dünger hätte sicherlich für die meisten Menschen ausgereicht; Gärtnerei vielleicht nur für die Hälfte.

In diesem Zusammenhang ist ein weiterer Aspekt ganz entscheidend: Die Zeit und die Umstände sind für die Erinnerung von immenser Bedeutung. Jeder Gedanke, der uns im Kopf herumschwirrt, hat wegen der Umstände und des Augenblicks enorme Klarheit und Wichtigkeit; in diesem Moment kann man sich kaum vorstellen, dass man ihn vergessen könnte. Früher – also vor meinem Gedächtnistraining – ist es mir deshalb schon mal passiert, dass ich zur Erinnerung eine kleine Notiz schnell niedergekritzelt habe. Als ich den Zettel am nächsten Tag wieder fand, konnte ich nichts mehr entziffern – was tags zuvor als 100%ige Erinnerungshilfe erschien, stellte nun, wenige Stunden später, nicht dechiffrierbare Hieroglyphen dar.

Drittens sollte die Erinnerungshilfe einen im richtigen Moment zum Erinnern aktivieren. Wenn zum Beispiel ein Wecker 15 Minuten vor einem wichtigen Telefonat, das man pünktlich zu tätigen hat, klingelt, und man gerade in eine anspruchsvolle und interessante Arbeit vertieft ist, so kann Folgendes leicht geschehen: Man nimmt sich vor, noch schnell einen guten Arbeitsabschluss zu finden, setzt somit die Arbeit fort und stellt dann später mit Entsetzen fest, dass man das Telefonat verschwitzt hat. Ein Erinnerungsalarm zwei Minuten vor dem auszuführenden Telefonat wäre wohl besser gewesen als 15 Minuten vorher.

Wie kann man nun aber unsere bereits trainierte Visualisationskraft für das »Daran-will-ich-mich-erinnern-Problem« einsetzen? Ganz einfach: Wollen Sie sich später an etwas erinnern, so

**Pokale, das beste Mittel gegen Strafzettel!**

*Vor Jahren begleitete ich die Frauen-Gedächtnis-Weltmeisterin in ihrer tschechischen Heimat, wo sie einen ihrer ersten großen Live-Auftritte im Fernsehen hatte; natürlich war sie den ganzen Tag schon entsprechend nervös. Zum Glück lief alles prima, und wir setzten noch nachts unsere Tour vergnügt fort, bis wir plötzlich auf der Autobahn in eine Polizeikontrolle gerieten. »Mensch, ich habe vergessen, eine Autobahnvignette zu kaufen!«, rief sie sofort erschrocken aus. Sie sehen, auch Gedächtnis-Weltmeisterinnen können vergessen! Natürlich wollte der Polizeibeamte uns ein sattes Bußgeld aufbrummen; also riet ich ihr, ihm zu erzählen, dass sie die Gedächtnis-Weltmeisterin sei und wirklich nur aus Hektik und Nervosität wegen der TV-Sendung die Vignette verschwitzt hätte. Ermüdet vom langen Tag, trug sie dem Polizisten ihre Geschichte schüchtern vor, der nur ein müdes Lächeln übrig hatte. Seinem Gesicht konnten wir die Zweifel ablesen, die er hatte: »Eine tolle Geschichte, wirklich kreativ die Dame« – solche Gedanken schwirrten ihm wohl durch den Kopf. Er glaubte uns kein Wort und bestand weiterhin auf dem Bußgeld. Da wurde es mir zu bunt, und ich sprang aus dem Wagen, um den Kofferraum zu öffnen; dort befanden sich nämlich all ihre auf Gedächtnismeisterschaften gewonnen Pokale und Medaillen. Schon als ich die Tasche öffnete, klapperte es verdächtig metallisch, sodass der Polizist ängstlich an seine Waffe griff und einen Schritt zurücksetzte; als ich ihm dann aber zwei riesige Pokale entgegenstreckte, lachte er und wollte nun alles über den Gedächtnissport wissen. Letztlich kamen wir mit ein paar Kronen für einen Kaffee davon.*

platzieren Sie ein mentales Bild so fantasievoll und intensiv an einem bestimmten Ort; dieser Ort wäre dadurch gekennzeichnet, dass Sie ihn auf jeden Fall passieren müssen, bevor es »zu spät ist«.

Wollen Sie zum Beispiel abends Ihrem Tennispartner sein Buch wieder mitbringen, so erstellen Sie ein Kombinationsbild aus dem Buch und der Klinke der Haustür. Stellen Sie sich richtig vor, wie Sie die Tür öffnen wollen, aber das Buch auf der Klinke liegt. Es fällt dabei runter. Sie heben es auf und stecken es in Ihre Tennistasche. Wenn Sie ein solches mentales Bild erstellt und klar und deutlich visualisiert haben, dann fällt Ihnen das Bild spätestens ein, wenn Sie tatsächlich die Klinke berühren, denn Sie merken, irgendetwas stimmt nicht.

Auch hier gibt es einen enormen Trainingseffekt, falls es die ersten Male nicht so ganz klappen sollte.

Übrigens hat sich ein Planungs- und Organisationsprinzip über viele Jahrtausende bewährt, das unser Gehirn unglaublich entlastet. Trotzdem wird es oft nur widerwillig angewendet: Dinge gleich zu erledigen scheint dem Menschen nicht ins Stammbuch geschrieben zu sein, und die Formulierung »den inneren Schweinehund überwinden« sagt wohl alles über die ursprüngliche Trägheit unserer Spezies. Wahrscheinlich hat es sich als großer Luxus erwiesen, alle Erledigungen, die nicht überlebensnotwendig sind, beliebig verschieben zu können – wer die nötige Konsequenz vermissen lässt, die Dinge sogleich anzupacken, lebt aber mit einem subtilen Dauerstress, einer Litanei unerledigter Vorhaben.

# Gesichter ohne Namen müssen nicht sein

Ich kannte das Gesicht, die ausdrucksstarken blauen Augen, das blonde Haar, das Lächeln. Sie war in der Parallelklasse, spielte eine Zeit lang Fußball, war der Schwarm vieler Jungen und brachte mir das Herz zum Stocken, wann immer ich sie auf dem Schulhof sah – ich hätte einen Kurzvortrag über all jene schmerzlichen Momente sinnlicher Fantasien (deren Verwirklichung nur die jugendliche Schüchternheit vereitelt hat) halten können, nur eines entzog sich jetzt meinem Wissen: Ich hatte keine Ahnung mehr, wie sie hieß.

Wer kennt das Problem nicht. Man sollte sich eigentlich an den Namen erinnern, aber er will einem partout nicht einfallen. Mit allen möglichen Kniffen versucht man dann, die peinliche Situation zu meistern. Interessanterweise passiert es einem selten, dass man sich an den Namen erinnert, aber das Gesicht nicht mehr kennt. Unter anderem werden wir dieses Phänomen im vorliegenden Kapitel zu Hilfe nehmen.

## Ein wenig Ordnung

Die besondere Schwierigkeit, die wir beim Memorieren von Namen haben, klingt trivial und steht doch dem prompten Abspeichern im Weg: Den Vor- und insbesondere den Nachnamen mit dem Gesicht zu verknüpfen stellt unser Gehirn vor mehrere Hürden. Um diesen Problemen entgegenzuwirken, bedienen wir uns der Erkenntnisse der Gedächtnisforschung. Die Wissenschaftler haben nämlich herausgefunden, dass jegliche Klassifizierung und Kategorisierung beim Lernen die Wahrscheinlichkeit des Erinnerns enorm unterstützt. Wann immer Sie etwas lernen, sollten Sie deshalb etwas Geistesenergie darauf investieren, Gemeinsamkeiten, Gruppenzugehörigkeiten und Oberbegriffe zu finden. Gemeinhin ist das so genannte »Schubladendenken« zu verurteilen, da eigenen Vorurteilen dadurch nur Vorschub geleistet wird, aber im Bereich des Lernens und Memorierens ist ein solches Denken von Vorteil.

**Tipp:** Versuchen Sie jeglichen Lernstoff, wie neue Fakten oder auch neue Namen, zu klassifizieren, zu kategorisieren, zu gruppieren – kurz in Ihnen bekannte Schemata einzugliedern. Diese gedankliche Prozessierung der Information erhöht die Chance des Wiedererinnerns drastisch.

Da Ihnen beim Vorstellen von unbekannten Personen normalerweise nicht viel Zeit zur Verfügung steht, um lange nach einer geeigneten Einteilung zu suchen, empfiehlt es sich, sich im Vorfeld über die möglichen Kategorien Gedanken zu machen, mit denen wir es gemeinhin zu tun haben.

## Kategorisierung der Namen

Ganz grob lassen sich sechs verschiedene Kategorien von Namen unterscheiden. Diesen Kategorien habe ich kurze Bezeichnungen gegeben und sie auch durch Beispiele näher erläutert. Gehen Sie sie bitte durch, und versuchen Sie, sich weitere zu der jeweiligen Kategorie gehörende Namen auszudenken und einige Namen aus Ihrem Bekanntenkreis entsprechend zuzuordnen.

1. ***Berufs-Namen:*** Sie bezeichnen einen Beruf ohne jegliche Abänderung – auch wenn die Ursprünge der Berufsbezeichnung schon einige Jahre zurückliegen. Beispiele: Herr Schuster, Frau Schneider, Herr Schmid, Frau Metzger.
2. ***Bedeutungs-Namen:*** Sie haben schon von sich aus eine direkte Bedeutung und stellen normale Wörter dar. Beispiele: Frau Himmel, Herr Luchs, Frau Wolle, Herr Ziegel.
3. ***Schreibvariations-Namen:*** Die dritte Kategorie von Namen hat eine zwar direkte, aber versteckte Bedeutung, da eine abgeänderte Schreibweise vorliegt. Beispiele: Herr Blumer, Frau Haaret, Herr Bunk, Frau Kirsch.
   Ich denke, Sie sehen, welche normalen Wörter sich in diesen Namen verbergen, entweder man muss etwas aus dem Namen streichen oder hinzufügen. So ergibt sich: Blume, Haar, Bunker, Kirsche.
4. ***Doppel-Namen:*** Hier stecken zwei oder mehr direkte Bedeutungen im Namen. Beispiele: Frau Baumgarten, Herr Termeer, Frau Rotzahn, Herr Schildknecht.
   Schon an diesen Beispielen sehen Sie, dass sich Namen gelegentlich nicht eindeutig kategorisieren lassen. So ist der Name Termeer schriftlich eher in die Kategorie »Schreibvariations-Name« einzufügen. Gesprochen hört es sich jedoch wie »Teer«

und »Meer« an, würde also tatsächlich zur Kategorie »Doppel-Namen« gehören (da man Namen überwiegend akustisch zu lernen hat, habe ich den Namen »Termeer« hier aufgeführt).
Wie verhält es sich mit dem Namen »Schildknecht«? Scheint doch klar zu sein: Schild und Knecht. Wer jedoch in mittelalterlicher Geschichte beschlagen ist, wird diesen Namen wohl eher als Berufs-Namen sehen (als den Berufsstand der für die Kampf-Schilde zuständigen Knechte).

5. ***Kombinations-Namen:*** Diese etwas schwierigeren Namen bestehen aus Bedeutungsteilen und längeren Teilen ohne direkte Bedeutung. Beispiele: Herr Rimeisen, Frau Schaltegen, Herr Krotwal, Frau Leimpala.
Erkennen Sie die Bedeutungsteile; das ist keine einfache, aber eine wichtige Aufgabe – auch im Hinblick auf die späteren Memoriertechniken! So wären Eisen, Schal, Wal und Leim zu finden. Oder sind die anderen Namensteile für Sie doch bedeutungsvoll? Dann wäre der Name wahrscheinlich anders zu kategorisieren (zum Beispiel bedeutet das Wort »rim« im Englischen »Rand«; und diese Kenntnis würde es zu einem Doppel-Namen machen).
6. ***Unsinn-Namen:*** Es ist auf den ersten Blick keine konkrete Bedeutung sichtbar. Beispiele: Frau Ischihara, Herr Ranussky, Frau Stankuva, Herr Pesipalo.
Der eine oder andere mag hier schon ein Veto einlegen; wenn nämlich doch so einige Bedeutungen aus diesen Namen »herausblicken«. Das wäre schön und sollte so sein, denn für all jene, die mit Fantasie und Kreativität (und auch mit viel Wissen) an diese Namen herangehen, gibt es diese letzte Kategorie von Namen eigentlich gar nicht.

Nachdem Sie nun die unterschiedlichen Kategorien von Namen kennen gelernt haben, sollten Sie nun immer ganz schnell die Entscheidung treffen, wie der Name einzuteilen ist – Sie werden ihn dann leichter wiederfinden. (Es ist in etwa so, als ob Sie überlegen, in welchen Schrank Sie einen Gegenstand am besten verstauen sollten: in den Küchenschrank, Wohnzimmerschrank, Kleiderschrank? Später erinnern Sie sich sicher daran, dass Sie den Schuhanzieher in den Kleiderschrank gelegt haben – ob Sie ihn dann dort gleich wiederfinden (denn der Schrank mag groß sein), ist eine andere Frage, mit der wir uns bald beschäftigen. Auf jeden Fall suchen Sie schon mal an der richtigen Stelle!)

## *Beflügeln Sie Namen mit Fantasie*

Setzen Sie Ihre Kreativität und Fantasie ein, um aus den nichtssagenden und abstrakten Namen mentale Bilder zu erstellen. Das ist bei den vier ersten Kategorien kein großes Problem, denn in den Namen steckt schon eine konkrete Bedeutung. Hier ist es wichtig, dass Sie die Bedeutung tatsächlich als Bild vor dem inneren Auge visualisieren.

Schwieriger ist das bei den beiden letzten Kategorien: Kombinations-Namen und Unsinn-Namen. Bei Kombinations-Namen sollten Sie nach sehr plausiblen, aktiven Bildern suchen, beispielsweise um eine Frau Schaltegen nicht aus dem Gedächtnis zu löschen und den kompletten Namen abzuspeichern. Überlegen Sie, welche Bedeutungen versteckt sind:

- Tegen klingt doch wie Degen, und das wäre der Schlüssel: Ein Schal ist um einen Degen gewickelt. Und das »T«? Dazu noch ein kleiner Kniff: Frau Schaldegen wickelt einen Schal um den Degen an mehreren Theken – und damit hätten wir das »T«.

- Vielleicht haben Sie aber eine biologische Sichtweise und können sich für das Schalte-Gen erwärmen, das die Augenfarbe eines Babys aus- und einschaltet und so hilft, den Namen zu memorieren.

Gerade bei Unsinn-Namen ist die Fantasie so richtig gefragt: Könnte Frau Ischihara nicht doch an Ischias leiden, weil ihre Haare zu lang sind? Es scheint ein wenig abstrus, aber es funktioniert. Denn wenn Sie den Namen ein paarmal gehört und sich innerlich vorgesagt haben, ist auch der Klang des Wortes abgespeichert, und Sie können das mentale Bild problemlos zum korrekten Namen wieder zusammensetzen.

Hier finden Sie drei – zugegebenermaßen höchst ungewöhnliche und komplizierte Namen; versuchen Sie dennoch, möglichst interessante Mentalbilder zu erstellen (schauen Sie aber nicht allzu früh auf meine Vorschläge): Herr Schereschewski, Herr Matuschanskayasky und Herr Csikszentmihalyi (sprich: Tschik-sent-mihai). Meine Vorschläge für mögliche mentale Namensbilder:

- Mit einer *Schere* attackier ich den *Chef* (widersprach Gehaltserhöhung), der mit einem *Ski* flieht.
- *Ma* malt *Tusch ans Kay* und sagt dann *ja* zum *Ski*(laufen).
- *Chicken send mi* (spricht der) *Hai*.

Aber dann bleibt immer noch ein Problem: die Zuordnung der Namen zu den Personen und ihren Gesichtern. Zwar haben wir durch die Kategorisierung und Verbildlichung des Namens schon viel erreicht, aber es nützt gar nichts, wenn wir Herrn Mens mit Herrn Kratz ansprechen! Wie dieses Problem zu lösen ist, steht auf einem anderen Blatt – im nächsten Kapitel.

## Die vier Grundmethoden

Es gibt zahlreiche Bücher über Merktechniken und Gedächtnistraining. Obwohl es viele Gemeinsamkeiten bei diesen Büchern gibt, so sind doch auch Unterschiede bei den vorgeschlagenen Methoden festzustellen, besonders beim Problem »Namen und Gesichter«.

Ich habe versucht, alle beschriebenen Methoden zu analysieren und zu klassifizieren. Letztlich konnte ich sie zu vier verschiedenen Grundmerkmethoden zusammenfassen.

Auch wenn sich diese vier Grundmethoden zum Merken von Namen und Gesichtern prinzipiell unterscheiden, so sind doch bei jeder Methode drei mentale Schritte zu bewältigen:

- Verbildlichen des Namens
- Analysieren und Interpretieren des Gesichtes/der Person (= Merkmal)
- Assoziieren von Namensbild und Merkmal (+ Visualisieren)

Lassen Sie mich die einzelnen der vier Grundmethoden der Namen-Gesichter-Memorierung kurz beschreiben und Ihnen anschließend dann jeweils ein Beispiel geben:

**1. *Hauptmerkmals-Methode (intern)***

a) Man sucht sich das *Hauptmerkmal* im Gesicht.
b) Man erstellt ein *Bild* oder *Ersatzwort* für den Namen.
c) Man verbindet fantasievoll dieses *Namensbild* mit dem erwählten *Hauptmerkmal.*

**2. *Namen-Gesichter-Methode (intern)***

a) Man erstellt ein *Bild* für den *Namen.*

b) Man sucht nach einem *Gesichtsmerkmal*, das zum Namensbild passt.
c) Nun kombiniert man das *Namensbild* in sinniger Weise mit dem gewählten *Merkmal des Gesichts.*

Es handelt sich also hier um die Umkehrung von Schritt a und Schritt b bei der Hauptmerkmals-Methode.

**3. *Umfeld-Methode (extern)***

a) Man schaut das Gesicht bzw. die Person an, überlegt sich, in welchem *Umfeld* diese Person anzutreffen wäre (Beruf, Hobby, Freizeit) und visualisiert die Person in diesem typischen Umfeld.
b) Man erstellt ein *Bild* für den *Namen.*
c) Das *Namensbild* wird nun in einprägsamer Weise mit dem *Umfeld* verbunden.

Vielleicht erinnern Sie sich an den Begriff »Kontext-abhängiges Lernen«. Dieses Phänomen nutzen wir hier. Das vorgestellte Umfeld schafft einen Kontext für das Erinnern der Person, sodass wir diese Person mit ihrem Namen später wieder besser abrufen können.

**4. *Ähnlichkeits-Methode (extern)***

a) Man sucht nach einem Freund/Bekannten/Prominenten mit *ähnlichem Namen oder Gesicht.*
b) *Gleicher Name:* Man wählt eine *Eigentümlichkeit* der bereits bekannten Person.
   *Ähnliches Gesicht:* Man erstellt ein *Bild* für den *Namen.*
c) Nun stellt man sich beide Personen nebeneinander vor und visualisiert die gewählte *Eigentümlichkeit* bzw. das *Namensbild* mit den Personen auf fantasievolle Art.

Ich habe die vorgestellten Merkmethoden in interne und externe unterschieden, denn bei den ersten beiden Methoden verwendet man nur interne, also nur im Namen und Gesicht vorhandene Informationen zur Abspeicherung. Dagegen setzt man bei den zwei externen Methoden zusätzliche Informationen und Eindrücke – typische Umfelder oder andere Personen – zum besseren Einprägen ein. Die angekündigten Beispiele veranschaulichen das.

### 1. *Hauptmerkmals-Methode (intern)*

**Herr Nelk**
(Schreibvariations-Name)

a) Was für ein markanter Schnurrbart!
b) Nelk ist doch wie Nelke.
c) Toll, wie die schöne *Nelke* aus dem Schnurrbart wächst. Direkt unter der Nase, wie die wohl duftet?

### 2. *Namen-Gesichter-Methode (intern)*

**Herr Wiesedom**
(Doppel-Name)

a) Besteht doch aus Wiese und Dom.
b) Stirn ist wie eine Wiese, die Nase gleicht einem Dom.
c) Auf der großen glänzenden Stirn wächst eine *Wiese,* und die knollige Nase vergrößert sich zu einem imposanten *Dom.*

### 3. *Umfeld-Methode (extern)*

**Frau Sturmrak**
(Kombinations-Name)

a) Könnte doch eine Animateurin im Club-Urlaub sein.
b) Sturm und Rak(ete)
c) Mensch, wie die im *Sturm* surft – wie eine *Rak*ete.

### 4. *Ähnlichkeits-Methode (extern)*

**Frau Bellwan**
(Unsinn-Name)

a) Mensch, die sieht doch so ähnlich wie Demi Moore aus.
b) Die steht doch oft vor der Kamera!
c) Jetzt hat sie eine markante Rolle: Sie *bell(t)* wie ein Hund und sitzt dabei in einer *Wan(ne)*.

Mit ein wenig Übung werden Ihnen diese Methoden recht schnell »in Fleisch und Blut« übergehen. Dann werden Sie bei jedem neuen Namen ganz automatisch auf eine dieser Methoden zurückgreifen. Aber auch wenn Sie sich prinzipiell für eine dieser Methoden als Ihre Lieblingsmethode entscheiden, weil Sie das Gefühl haben, dass Ihnen diese Methode besonders gut liegt: Sie wird nicht in jedem Fall funktionieren, weshalb Sie dann eine andere Methode wählen müssen.

Sie müssen zudem zwischen kurzzeitigen und langzeitigen Mentalbildern für Namen unterscheiden. Wenn Sie den Namen einer Person nur für kurze Zeit abspeichern wollen, also nur für ein kurzes Treffen, eine Party oder ein Business-Meeting, dann können Sie auch Teile der Person für Ihr Mentalbild hernehmen, die veränderlich sind, zum Beispiel den Schmuck oder die Kleidung. Beim nächsten Treffen könnten Sie dann Schwierigkeiten haben, den Namen zu erinnern, weil diese Teile fehlen. Wenn Sie jedoch den Namen für einen längeren Zeitraum immer wieder parat haben möchten, dann nehmen Sie unveränderliche Merkmale der Person: die Gesichtszüge, die Kopfform oder eine Narbe. Und da Sie wohl auch immer mehr über die Person im Verlauf der Zeit erfahren, können Sie Ihr mentales Namensbild durch Ergänzungen peu à peu weiter ausgestalten.

Aber eins möchte ich Ihnen ans Herz legen: Machen Sie sich zumindest die nächsten Wochen zur Regel, möglichst viele Namen

***Wie meistere ich den Wörterpärchen-Sprint?***

So wie man verdaubar gemachte Namen mit einer Person zu einem mentalen Kombinationsbild verbinden muss, sind auch beim Wörterpärchen-Sprint zwei Begriffe mit Fantasie, Logik und Vorstellungsvermögen miteinander zu koppeln. Diese Mentalfaktoren sollten Sie durch das Training mit diesem Buch schon so weit entwickelt haben, dass Sie sich zu allen 20 Wörterpärchen schnell ein intensives Mentalbild machen können. Ich bin überzeugt, dass Sie sich dann an (fast) alle erinnern werden, wenn Sie das Schlüsselwort in der Wiedergabephase als Richtungspfeiler zum Mentalbild nutzen.

und Gesichter auf diese Weise zu memorieren. Es gibt auch hier einen enormen Trainingseffekt. Nicht ohne Grund sind jene Teilnehmer auf den Deutschen Gedächtnismeisterschaften regelmäßig in dieser Disziplin am besten, die viel mit Menschen zu tun haben, zum Beispiel Versicherungsvertreter oder Wirte. Ein Wirt hat bei der Deutschen Gedächtnismeisterschaft 2001 mit 109 (!) memorierten Namen/Gesichtern in 15 Minuten einen neuen Deutschen Rekord aufgestellt.

## Mentalbilder für Vornamen

Wer wirklich viel mit Leuten zu tun hat und auch des Öfteren die Vornamen als Anrede gebraucht, kann nach ein paar Stunden Vorarbeit als wahres »Gedächtniswunder« in seinem Freundeskreis oder im Geschäftsleben bekannt werden. Denn man kann mit 200 Vornamen geschätzte 95 Prozent aller Deutschen richtig ansprechen. Erstellen Sie also für gängige Vornamen schon im voraus ein Namensbild, so müssen Sie nicht erst beim Vorstellen ein gutes Bild für den Vornamen entwickeln. Sie sparen also wertvolle Sekunden ein und müssen sich letztlich nur auf den Nachnamen und auf das Gesicht oder ein Merkmal der Person konzentrieren.

Zur Hilfestellung habe ich einige Beispiele für die zehn häufigsten Vornamen für Jungen und Mädchen aufgeführt, die im Jahr 2000 Eltern für ihre Babys wählten (nach einer Umfrage im Auftrag der Gesellschaft für deutsche Sprache bei 120 Standesämtern).

Mentale Namensbilder können aus drei verschiedenen Kategorien entwickelt werden. Entweder kann ein Hilfsname verwendet werden, der selbst schon an eine bekannte Person erinnert, etwa

| | *Jungenname* | *Hilfsname* | *Bedeutungswort* | *Symbol* |
|---|---|---|---|---|
| 1. | Alexander | Alexander | – | – |
| 2. | Maximilian | – | Maximum | – |
| 3. | Lukas | – | Luke | – |
| 4. | Leon | – | Löwe | – |
| 5. | Tim | – | Trimm (Dich) | – |
| 6. | Paul | Paulus | – | – |
| 7. | Niklas | Nikolaus | – | – |
| 8. | Jonas | – | – | Wal |
| 9. | Daniel | – | – | Düsentrieb |
| 10. | Jan | – | Janus | – |
| | *Mädchenname* | *Hilfsname* | *Bedeutungswort* | *Symbol* |
| 1. | Marie | – | Marienkäfer | – |
| 2. | Sophie | – | Sofa | – |
| 3. | Maria | – | – | Krippe |
| 4. | Anne (Anna) | – | Kanne | – |
| 5. | Laura | – | – | Biagotti (Parfüm) |
| 6. | Lea | – | Löwin | – |
| 7. | Julia | Julia (Rose) | – | – |
| 8. | Michelle | – | Michel (Kirchturm) | – |
| 9. | Katharina | – | Kater | – |
| 10. | Sarah | – | Sahara | – |

Alexander der Große mit einem Krieger als Namensbild. Zum zweiten kann man sich für ein Bedeutungswort entscheiden, das so ähnlich klingt wie der Name und so ein gutes mentales Bild entstehen lässt (zum Beispiel Sofa für Sophie). Oder der Vorname weckt sofort die Erinnerung an einen anderen anschaulichen Begriff aus dem Wissensreservoir, der symbolartigen Charakter hat (zum Beispiel Düsentrieb für Daniel).

Um die Vornamen richtig zu codieren, verbinden Sie das für den Vornamen festgelegte Bild mit dem Gesicht oder dem Körper der Person. So kuschelt sich vielleicht ein Kater an die zarte Wange der Katharina; Sarah schüttelt Sahara-Sand aus ihren Haaren; Julia wächst eine riesige Rose aus ihrem roten Mund (oder etwas Rotem

**Harald (Schmidt): Na klar, Haar und alt!**

*Vor einigen Jahren war ich bei der Harald-Schmidt-Show eingeladen, wo ich neben einer Gedächtniseinlage auch in einem kurzen Gespräch meine Techniken verraten sollte. Harald Schmidt, der wie Sie wissen, häufig kräftig austeilt, wusste jedoch nicht, dass er selbst etwas einstecken musste, denn ich wählte seinen Vornamen als amüsantes Beispiel: »Harald«, so fing ich an, »setzt sich zusammen aus Haar und alt.« Nach großem Gelächter fuhr ich fort: »Doch birgt der Name Probleme, er enthält nur ein a, also stelle ich mir vor, wie Sie sich vor dem Spiegel nur dieses eine alte Haar herausziehen. Außerdem endet der Name mit d und nicht mit t. Wiederum sehe ich Sie Ihr Haar vor dem Spiegel herauszupfen, dabei laut schreiend: ›Das ist ja ungeheuerlich‹ – mit starker Betonung auf dem D von Das.« Harald Schmidt, sonst immer sehr witzig, fiel nur noch ein: »Wäre es da nicht einfacher, Sie merken sich den Namen?«*

ihrer Kleidung) und Daniel sind riesige Düsen auf den Rücken geschnallt, mit denen er an die Decke donnert.

Diese Memo-Technik können Sie effektiv bei feierlichen Anlässen oder Partys trainieren. Erstellen Sie ganz schnell solche Mentalbilder bei der Begrüßung der Gäste, und man wird sich sehr wundern, wie Sie es schafften, sich an alle 30 Namen zu erinnern.

Ein weiterer Vorteil dieser Technik ist, dass Sie immer interessanten Gesprächsstoff haben, denn wenn Ihr Mentalbild nicht allzu sonderbar, peinlich oder kompromittierend ist, können Sie es dem Gegenüber ruhig auch einmal verraten (auch wenn Claudia in Ihrer Vorstellung ein Dia klaut).

## Tipps zum Vorstellen/Wiedertreffen

Die besten Tipps zum Einprägen von Namen und Gesichtern nützen nichts, wenn zu Beginn des Vorstellens schon Fehler gemacht werden. Wenn Sie zum Beispiel den Namen beim Vorstellen nicht richtig verstanden haben, dann gibt es auch nicht viel zu memorieren. Ich will Ihnen helfen, beim Vorstellen von neuen Personen oder beim Wiedertreffen alter Bekannter solche verbreiteten Fehler zu vermeiden und den Nährboden für die oben beschriebenen Memoriertechniken zu bereiten.

**Sprechen Sie den eigenen Namen laut und deutlich beim Vorstellen aus!** Aus zwei Gründen ist dies ratsam: Zum einen beweisen Sie sich und dem Gegenüber ein gewisses Maß an Selbstsicherheit und Selbstachtung; viele nuscheln ihren eigenen Namen nur so vor sich hin! Zum anderen erhöhen Sie die Chance, dass der andere sich auch so verhält und Sie den Namen Ihres Gegenübers gut verstehen können.

**Bieten Sie eine Gedächtnisstütze für den eigenen Namen an!** Ein mentales Bild für den Namen zu erstellen kostet immer etwas Zeit und Geistesenergie. Sie können das Ihrem Gegenüber ersparen, wenn Sie selbst schon ein Mentalbild anbieten. So sage ich zuweilen beim Vorstellen: Gunther Karsten – denken Sie an König Gunther, wie er im Karst auf einem Kasten sitzt (dies hilft oft, auch wenn ich Gefahr laufe, arrogant zu wirken, wenn die andere Person die Nibelungensage nicht kennt). Sie werden »lebenslänglich« mit Ihrem Namen leben (Ausnahmen bei Frauen), also haben Sie viel Zeit, ein wirksames Bild für Ihren Namen zu entwickeln. Lernen Sie dabei auch aus den Memorierfehlern der anderen. So hieß ein Teilnehmer aus meinem Kurs »Rost«. Sein Spruch beim Vorstellen war häufig: »Rost – denken Sie an rostiges Fahrrad« – bis er dann einmal mit »Herr Fahrrad« angesprochen wurde! Feilen Sie also so lange an Ihrem Namensbild wie an einem Kunstwerk. Ihr Umfeld dankt es Ihnen.

**Sprechen Sie den fremden Namen sofort laut nach!** Wenn Sie dies tun, gehen Sie zum einen sicher, dass der Name des Gegenübers bei Ihnen auch tatsächlich richtig angekommen ist, und der Name prägt sich als Klang schon besser in Ihr Gedächtnis ein.

**Fragen Sie bei Unklarheiten bezüglich Klang oder Schreibform nach!** Räumen Sie unverzüglich direkt beim Vorstellen mit jedweden Unklarheiten auf – sonst prägen Sie sich nur etwas Falsches ein. Ein weiterer wichtiger Vorteil hierbei ist, dass Sie selber ein wenig

Zeit schinden und zusätzliche Information bekommen für das Erstellen des Namensbildes. So stellt sich beispielsweise ein Mann als Herr Plath vor. Aber Sie sind sich nicht ganz sicher, ob es nicht auch Blad, Blath, Plaat oder Blaat sein könnte. Also fragen Sie genauer nach der Schreibform nach, allerdings nicht ohne mental zum Beispiel eine Platte im Gesicht der Person zu positionieren.

**Geben Sie einen kurzen Kommentar ab!** Das ist ein schöner Name! Den Namen habe ich noch nie gehört! Interessanter Name: Woher kommt er? Dies schmeichelt nicht nur der Person, sondern bietet auch eine weitere Möglichkeit, Information und Zeit für das Erstellen Ihres Mentalbildes zu bekommen.

**Wiederholen Sie den neuen Namen im Gespräch gelegentlich!** Hierdurch festigt sich der Name in Ihrem Gedächtnis, besonders sein Klang. Außerdem stellen Sie so sicher, dass Sie auch den korrekten Namen memoriert haben (auch wenn sich viele nicht trauen, den anderen selbst bezüglich des eigenen Namens zu verbessern: kein Wunder, wenn mancher Meyer den ganzen Abend mit Schmidt angesprochen wird). Übertreiben Sie es jedoch nicht. Es ist eine Unsitte vieler Verkäufer, jemanden in fast jedem zweiten Satz mit dem Namen anzureden. Den Erfolg beschleunigt das meistens nicht.

**Fragen Sie bei Unsicherheit möglichst sofort nach!** Sie kennen die Situation: Längere Zeit haben Sie mit einer Person zu tun, deren Namen Sie zu Beginn einfach nicht richtig verstanden oder behalten haben. Sie fühlen sich immer wieder unbehaglich, wenn diese Person Sie mit Ihrem Namen korrekt anspricht, doch es gelingt Ihnen nicht, den Namen des anderen herauszubekommen. Und irgendwann ist die Zeit gekommen, da ist es unsäglich peinlich, der anderen Person einzugestehen, dass man ihren Namen nicht (mehr) weiß! Im schlimmsten Fall führt das dazu, dass man den Kontakt zur anderen Person total meidet, nur weil man nicht den Mut hatte, rechtzeitig nachzufragen.

**Studieren Sie die Visitenkarte ruhig eingehender!** Was in Deutschland üblich ist, nämlich die Visitenkarte sofort wegzustecken, ohne sie anzuschauen, wäre in Japan ein unverzeihlicher Fauxpas. Machen Sie es wie die Japaner, wertschätzen Sie Ihr Gegenüber, indem Sie die Visitenkarte eingehend betrachten – und nutzen Sie sie zum Einprägen des Namens der Person.

**Legen Sie so bald wie möglich kurze Notizen über die kennen gelernte Person nieder!** Von einigen Menschen, die beruflich viele Kontakte zu anderen haben, weiß ich, dass sie ein persönliches »Leute-Buch« führen. Wann immer sie neue Leute kennen gelernt haben, schreiben sie einige Stichwörter zu dieser Person auf. Wenn sie dann nach Jahren zu einem bestimmten Ort zurückkehren, schauen sie auf den entsprechenden Seiten des Buches nach und können sich schnell wieder die Namen ins Gedächtnis zurückrufen – zum Erstaunen der Wiedergetroffenen! Zugegeben, es macht etwas Mühe, ein solches Buch zu führen, aber man wird mit schönen Reaktionen und Erlebnissen und auch mit einem Gefühl der Überlegenheit belohnt: Den Namen einer anderen Person zu kennen (gerade wenn es nicht erwartet wird) weckt Respekt.

**Nennen Sie beim Wiedersehen nach langer Zeit Ihren Namen!** Machen Sie es dem anderen leicht: Nennen Sie beim Wiedersehen den eigenen Namen, bevor der andere zugeben muss, dass er ihn vergessen hat. So vermeiden Sie von vornherein unangenehme Situationen.

Wenn es Ihnen nun aber selber passiert, dass Ihnen der andere Name nicht einfällt, obwohl Sie sich gut an viele Einzelheiten und gemeinsame Erlebnisse erinnern, so drucksen Sie nicht lange herum; sagen Sie lieber frei heraus: Ich erinnere mich sehr gut an Sie – Sie sammeln Münzen, lieben chinesisches Essen und studierten in Spanien. Nur Ihr Name ist mir leider entfallen.

***Wie meistere ich den Personen-Cocktail?***

Bei dieser Aufgabe des GQ-Tests können Sie alle beschriebenen Methoden einsetzen. Nur sollten Sie nicht zu viel Zeit mit einem Namen verbringen. Wenn Ihnen nicht gleich nach drei bis vier Sekunden etwas Kreatives einfällt, gehen Sie lieber zum nächsten Namen über. Oder konzentrieren Sie sich vielleicht erst einmal nur auf die Vornamen, wenn Ihnen diese besonders gut liegen. Und beim zweiten Durchgang versuchen Sie sich an einigen Nachnamen. Am Ende sollten Sie dann zehn bis 15 Sekunden für eine kurze Wiederholung investieren. Und bei den letzen zwei Sekunden nutzen Sie Ihr Wissen über das Kurzzeitgedächtnis; wie im 1. Kapitel beschrieben, kann es kurzfristig einige Informationsbrocken aufnehmen. Schauen Sie sich also ganz am Schluss zwei Gesichter mit den zugehörigen Vor- und Nachnamen an und sprechen Sie sie innerlich so lange nach, bis Sie sie aufgeschrieben haben (und mit diesen Namen sollten Sie das Aufschreiben beginnen). Dies ist zwar ein Trick, denn so richtig fest und dauerhaft haben Sie diese letzten Namen nicht gelernt, aber es ist ein intelligenter Memoriertrick – und wir wollen ja gerade die Gedächtnisintelligenz testen.

## Beispiele zum Üben

Spielwiesen zum Memorieren von Namen gibt es viele, und besonders geeignet ist das Fernsehen. Gerade wenn Sie zu den Menschen gehören, die sich einen spannenden zweistündigen Film mit 20 oder mehr Charakteren anschauen können und danach nicht mal den Namen der Hauptperson wissen, tun Sie gut daran, ein wenig mehr auf die Namen zu achten. Mit meiner Partnerin machen wir uns zuweilen ein Spiel daraus, abwechselnd gegenseitig Namen nach einem gemeinsam angesehenen Film abzufragen.

Um Sie auf eine weitere wichtige Tatsache aufmerksam zu machen, sehen Sie die Fotos von zwei unterschiedlichen Schimpansen. Ich bin sicher, dass Sie die größten Schwierigkeiten hätten, die Schimpansen auf anderen Fotos wiederzuerkennen. Dieses Problem kennen Sie wohl auch schon vom Unterscheiden von Personen aus anderen Kulturkreisen, wie Asien oder Afrika. Über viele Jahre und Jahrzehnte haben wir ganz unbewusst gelernt, die Gesichter in unserem kulturellen Umfeld schnell zu differenzieren und als individuelle Erscheinung wahrzunehmen. Aber je ähnlicher Gesichter sind, desto schwieriger ist es für uns, sie zu unterscheiden.

Ein bewusster Lernprozess kann allerdings unsere Fähigkeit zum Analysieren von Gesichtern schärfen. Nehmen Sie sich einfach jeweils für ein bis zwei Wochen vor, nur auf ein Merkmal des Gesichts gezielt zu achten: auf die Nase, den Mund, die Augen, die Kopfform und die Gesichtszüge. Sie werden sehen, dass Ihnen immer mehr Unterschiede zwischen Menschen auffallen und Sie Gesichter differenzierter beschreiben können. Das gibt Ihnen die Möglichkeit, mindestens ein markantes Teil des Gesichts schnell bei jedem Menschen für die Kopplung mit dem Namensbild zu entdecken.

# Vokabeln lernen mit Tempo und Spaß

Fremdsprachenkenntnisse werden immer mehr zu einer Schlüsselqualifikation, so Experten der Europäischen Union, schließlich soll schon bald jeder EU-Bürger zwei Fremdsprachen beherrschen. Die Realität sieht jedoch anders aus: Die Hälfte der EU-Bürger - beherrscht nur die Muttersprache, in Deutschland sprechen über 40 Prozent der Menschen ausschließlich Deutsch. Es gibt also viel zu büffeln – aber bitte mit der richtigen Lerntechnik! Als Schüler belohnte ich mich mit einem Stück Schokolade für zehn gelernte Vokabeln: der Trick zur Selbstmotivation funktioniert immer noch, es gibt aber weit effektivere Methoden, um Vokabeln zu pauken.

Wenn man eine Sprache lernt, dann ist zwar die Grammatik nicht ganz unbedeutend, hat man jedoch diese einigermaßen verstanden und eine mehr oder minder eingängige Logik entdeckt, dann ist das Niveau Ihrer Fremdsprachenkenntnisse fast nur noch abhängig von der Menge der abgespeicherten Vokabeln.

## Die Schlüsselwort-Methode: fast doppelt so schnell

Die hier beschriebene Methode wurde an der Stanford Universität mit vielen Studenten wissenschaftlich untersucht und führte zu fantastischen Erfolgen beim kurzfristigen und langfristigen Ler-

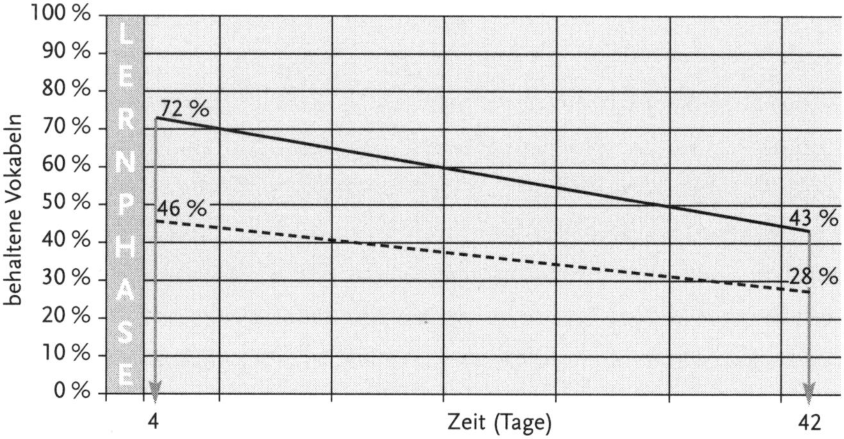


*In drei Tagen lernten amerikanische Studenten 120 russische Vokabeln (je 40 pro Tag)*

——— nach der Schlüsselwort-Methode gelernte Vokabeln

- - - - - ohne besondere Methode gelernte Vokabeln

nen von Vokabeln. Die oben stehende Grafik soll die Resultate einer Versuchsreihe näher erläutern. So mussten in diesem Experiment zwei Gruppen von amerikanischen Studenten drei Tage lang jeden Tag 40 russische Vokabeln lernen, wobei sie »Greenhorns«, also blutige Anfänger in Russisch waren. Die eine Gruppe lernte nach ihrer üblichen Methode, wohingegen die andere Gruppe eine besondere Methode anwendete.

Am vierten Tag wurden die Vokabeln dann abgefragt. Das Ergebnis war eindeutig: Das normale Lernen führte nur zu einem 46prozentigen Erinnern der Vokabeln im Gegensatz zu 72 Prozent mit der neuen Methode. Auch nach sechs Wochen, als man die Vokabeln erneut abfragte, war noch ein deutlicher Unterschied in der Merkleistung festzustellen: Die Studenten, die die neue, so genannte Schlüsselwort-Methode zum Lernen nutzten, erinnerten sich nach sechs Wochen noch fast an so viele Vokabeln wie die andere Gruppe nach vier Tagen!

Ein ähnliches Experiment wurde mit anderen Studenten in Bezug auf das Lernen von spanischen Vokabeln durchgeführt – die Leistungsunterschiede waren sogar noch dramatischer: Am vierten Tag erinnerte sich die Gruppe mit der Schlüsselwort-Methode noch an 88 Prozent der 120 Vokabeln im Vergleich zu nur 28 Prozent bei der Gruppe, die die normale Methode anwendete! Als Reaktion auf diese hervorragenden Erfolge wurden daraufhin von Professor Atkinson, dem Wissenschaftler, der die Versuchsreihen leitete, an der Stanford Universität Computerprogramme zum Lernen fremdsprachlicher Vokabeln nach der Schlüsselwort-Methode entwickelt.

Nach der Darstellung dieser Erfolgsgeschichte werden Sie gespannt sein, wie denn diese neue Methode funktioniert. Sie besteht aus nur zwei Schritten:

1. Ein Wort aus der Muttersprache, das ähnlich wie die Vokabel klingt, ist das Schlüsselwort.
2. Aus dem Schlüsselwort und der Bedeutung der Vokabel wird ein mentales Bild erstellt.

Zwei einfache Begriffe aus der englischen Sprache sollen diese zwei Schritte verdeutlichen:

**Hose:** Der erste Lernschritt ist hier leicht, denn Sie kennen das Wort »Hose« aus der deutschen Sprache. Im Englischen bedeutet das Wort allerdings »Schlauch«. Also erstellen Sie im zweiten Lernschritt ein mentales Bild aus »Hose« und »Schlauch«. Ich bin mir sicher, dass auch Sie spontan ein plausibles Bild zu diesen beiden Begriffen parat haben: Eine sehr lange und sehr enge Jeans, die wie ein Schlauch an Ihrem Körper sitzt. Wenn Sie sich nun vorstellen, dass Sie diese Hose als Schlauch an einen Hydranten anschließen, werden Sie die Bedeutung des englischen Begriffs *hose* nie wieder vergessen!

**Bile:** Hier scheint der erste Lernschritt schwieriger, denn es entspricht in der Schriftform keinem deutschen Wort, aber man spricht es wie das deutsche Wort Beil aus (Sie können sich immer im Einzelfall entscheiden, ob Sie die Optik oder die Akustik verwenden). Die Übersetzung ist »Galle«. Das im zweiten Lernschritt anzufertigende mentale Bild liegt meines Erachtens auf der Hand: Ein wutschnaubender Mann, dem im wahrsten Sinne des Wortes die Galle überläuft, tobt mit einem Beil in der Hand herum. Auch wenn dieses Bild etwas Angst einflößend sein mag, stellen Sie es sich wieder mit allen Ihren Sinnen vor.

Ich denke, Sie verstehen, warum ich die Schlüsselwort-Methode in diesem Buch eingehender beschreibe. Sie benötigen die gleichen mentalen Fähigkeiten wie bei allen anderen Aufgaben im Gedächtnisbereich – vornehmlich Fantasie, Kreativität und Vorstellungsvermögen. Und dann können Sie endlich auf das langweilige und stupide Büffeln von Vokabeln verzichten. Versuchen Sie einfach, für jede neue Vokabel so ein kleines mentales Bild zu erstellen, und Sie werden erstaunt sein, wie leicht es geht und wie lange Sie sich daran erinnern! Natürlich funktioniert es nicht mit allen Vokabeln gleich gut, aber mit zunehmender Kreativität und geübtem Gedankenfluss finden Sie bei fast jeder neuen Vokabel zumindest für einen Teil des Wortes einen gut funktionierenden »Erinnerungshaken«.

Weitergehende Experimente mit der Schlüsselwort-Methode haben gezeigt, dass es besser ist, eigene Mentalbilder zu erstellen, als sie von einem anderen vorgelegt zu bekommen. Es dauert zwar länger, auf gute Ideen zu kommen, dafür belohnt einen das Gehirn mit tiefen eingeprägten Erinnerungen (allerdings sollten Sie gute Ideen von anderen auch nicht gänzlich verschmähen).

Aber bevor ich Ihnen ein paar Vokabeln zum Trainieren gebe, habe ich noch zwei weitere Beispiele aus der englischen Sprache mit meinen zugehörigen Mentalbild-Ideen:

- *strawberry:* Im »Stroh« (erstes Abwandlungs-Schlüsselwort) findet ein »Bär« (zweites Abwandlungs-Schlüsselwort) eine Erdbeere (Bedeutung der Vokabel).
- *bold:* Ein Scherz-bold (Schlüsselwort) muss vor allem mutig und frech (Bedeutung) sein, um seine Späße zu machen.

Sind Sie bereit für Ihre eigenen Mentalbilder für Vokabeln?

### Englisch

*mice* (Mäuse) ______________________________

*wand* (Zauberstab) ______________________________

*thunderbolt* (Blitz und Donner) ______________________________

### Französisch

*chien* (Hund) ______________________________

*ralentir* (langsamer fahren) ______________________________

*cendrier* (Aschenbecher) ______________________________

**Spanisch**

*hasta luego* (Bis bald) ______________________

*barato* (billig) ______________________

*tocar* (berühren) ______________________

**Türkisch**

*abla* (Schwester) ______________________

*harika* (prima) ______________________

*serefe* (Prost) ______________________

Dazu habe ich mir die folgenden Mentalbildergeschichten ausgedacht:

**Englisch**

*mice:* Die vielen Mäuse knabbern alle Mais.

*wand:* Mit einem Zauberstab tippe ich an die Wand und gehe so hindurch.

*thunderbolt:* Zunder gibt es bald im Himmel – Blitz und Donner.

**Französisch**

*chien:* Ein Hund rast auf den Schi-ende zu Tal.

*ralentir:* Ein Krallentier versucht mit aller Macht, auf der Straße zu bremsen.

*cendrier:* Der Aschenbecher qualmt und stinkt im Zentrum des viereckigen Tisches.

**Spanisch**

*hasta luego:* Bis bald, aber Haste Lego(steine) so lange zum Zeitvertreib.

*barato:* Bar zahle ich die Ratte, denn die ist billig.

*tocar:* Es ist nicht erlaubt, to touch the car (das Auto zu berühren).

**Türkisch**

*abla:* Ich frage mich immer noch: Waren die beiden Frauen von Abba Schwestern?

*Harika:* Das Haar von Erika ist prima!

*Serefe:* Der Scherif prostet der Fee zu.

Die Methode kann man auf ähnliche Weise auch zum schnellen Lernen von Fremdwörtern, Fachwörtern oder sonstigen schwierigen Begriffen einsetzen. Der Fachbegriff »Arachnologie« (Spinnenkunde) prägt sich sicherlich bei Ihnen ganz schnell ein, wenn Sie sich vorstellen, wie eine dicke Spinne Ihren Rachen hinunterläuft – gewiss kein angenehmes, aber ein einprägsames Bild!

**Tipp:** Beachten Sie das Phänomen der Interferenz: Darunter versteht man die Störung des Lernprozesses durch die zeitnahe Darbietung ähnlicher oder fast gleich klingender, noch nicht abgespeicherter Informationseinheiten. Wörtersalven wie couch, cage, catch, gauge sollten Sie schön langsam und nacheinander verdauen! Viele Lehrer beachten die Interferenz bei Vokabeln leider nicht und verwirren damit ihre Schüler.

Lassen Sie mich Ihnen noch einen weiteren Tipp zum Lernen von Vokabeln geben: Sie können nämlich auch Ihre Routen zum Abspeichern neuer Vokabeln gut einsetzen. Erstellen Sie einfach ein Bild der neuen Vokabel oder das Schlüsselwort-Kombinationsbild an einem Routenpunkt. Legen Sie in einer Lerneinheit 20 oder 30 Vokabeln auf einer Route ab, dann können Sie sie überall einfach zwischendurch wiederholen, indem Sie die Route mental abschreiten. Natürlich sind die Vokabeln dann bald in Ihr »normales« Gedächtnis übergegangen, sodass Sie Ihre Routen wieder für weitere Vokabeln benutzen können.

***Wie meistere ich den Vokabel-Challenge?***

Für diesen Gedächtnistest ist die Schlüsselwort-Methode bestens geeignet. Aber auch ein Hinweis allgemeiner Art kann helfen: Achten Sie immer genau auf die Aufgabenstellung! Da Sie im Wiedergabeblatt die fremde Vokabel erneut vorgelegt bekommen und nur die deutsche Übersetzung wissen müssen, brauchen Sie sich nicht den gesamten Wortlaut der Vokabel einzuprägen (das wäre nur beim umgekehrten Abfragemodus notwendig). Bei einer langen und schwierigen Vokabel wie »ZASZICHEFAMEFTO« mit der Übersetzung »SESSEL« reicht es durchaus, wenn Sie nur einfach den CHEF in den SESSEL plumpsen lassen! (Warum es sich schwieriger machen, als es ist?)

## Der, Die, Das – kein Problem mehr

Wer nur Englisch als Fremdsprache lernen will, kann diesen Abschnitt überspringen. Aber in vielen anderen Sprachen werden Sie mit dem Der-Die-Das-Problem konfrontiert. Es ist nicht nur die Bedeutung einer Vokabel zu lernen, sondern auch das Geschlecht eines Hauptwortes abzuspeichern – zumal es als dicker Fehler gewertet wird, wenn Sie zum Beispiel im Französischen für »die Welt« »la monde« sagen. Jeder Franzose hat dann Schmerzen im Ohr. Im Französischen ist »die Welt« männlich: also »le monde«!

Aber wie kann man diese zusätzliche und wenig logische Information so sicher und einfach wie möglich abspeichern? Man kann sich im Fall von »le monde« den gleichnamigen Zeitungsnamen merken, aber generell empfehle ich eine andere Methode. Wieder entnehmen wir dazu die geeigneten Werkzeuge des Heptagramms der mnemotechnischen Mentalfaktoren.

Im ersten Schritt transformieren Sie die abstrakten drei Geschlechter – der, die, das – zu anschaulichen Bildern. Im nächsten Schritt erstellen Sie dann mit Fantasie und Visualisationskraft Kombinationsbilder mit dem zu lernenden Vokabel-Hauptwort. Für »der« könnten Sie »der Hammer« wählen, für »die« wählen Sie »die Flamme« und für »das« »das Wasser«. Diese drei Hilfstransformationen machen das Lernen des Geschlechts zumindest von allen materiellen Hauptwörtern einfach. Ein Ausländer würde nun nämlich im Geist beim Vokabellernen den Schrank mit einem Hammer in Stücke hauen, die Kommode in Flammen aufgehen sehen oder das Auto voll Wasser laufen lassen.

Und wir merken uns fürs Französische eben, dass »le monde« wirklich »der Hammer ist«. Schwieriger ist es mit Begriffen wie

Hoffnung, Hass oder Verständnis. Aber da ist nur ein weiterer mentaler Schritt erforderlich, und zwar erstellen Sie mit Kreativität und möglichst viel emotioneller Ladung ein Ersatzbild für diese Wörter, und dieses Ersatzbild bearbeiten Sie dann mit einer der drei oben beschriebenen Weisen. So könnten Sie für das Wort Verständnis einen Mann sehen, bei dem – weil er nun endlich versteht – eine Glühbirne im Kopf heiß und hell leuchtet, bis sie mit einem Eimer Wasser rasch abgekühlt wird.

Natürlich können Sie Ihre eigenen drei Transformationen vornehmen, aber achten Sie dabei darauf, dass sich die drei Transformationsbilder ausreichend voneinander unterscheiden und genügend Aktion bieten!

## Wiederholungsschema

Eine allgemein verbreitete Ansicht ist, dass es nur eine Art von Wissen gibt, und das Gegenteil das Nicht-Wissen ist. Dass dies in der Tat nicht zutrifft, sieht man bei den Kandidaten vieler Wissens-Shows. Es macht für sie einen großen Unterschied, ob sie ohne jegliche Vorgaben, Hilfestellungen oder immensen Zeitdruck die richtigen Antworten geben müssen oder von vorgegebenen Antworten die richtige wählen sollen, zusätzliche Hinweise bekommen oder ihnen viel Zeit zum Überlegen zugestanden wird.

Der Grund ist, dass es mehrere Arten von Wissen gibt – insgesamt sieben an der Zahl. Die verschiedenen Wissensarten unterscheiden sich im Wissensniveau, also in der Intensität des Wissens, die wiederum für die Abrufbarkeit des Gelernten maßgebend ist.

Und für das Wissensniveau spielt insbesondere der Faktor

»Wiederholung« eine bedeutende Rolle, da nicht nur eine beim Lernen adäquate Prozessierung des Lernstoffs, sondern auch bewusste Wiederholungen in richtigen zeitlichen Abständen zu einer Erhöhung des Wissensniveaus führen. Einer Kaskade gleich, sind die Wissensniveaus übereinander angeordnet, wobei sich das aktuelle Wissen in dieser Kaskade entlangbewegt – aufwärts oder abwärts, je nachdem, ob man lernend wiederholt oder vergisst.

Was beim Wiederholen mit unserer gespeicherten Information passiert und warum man in bestimmten Zeiträumen wiederholen sollte, zeigt ein Blick auf alle sieben Wissensniveaus:

1. ***Automatisiertes Wissen:*** Dieses höchste Wissensniveau zeichnet sich dadurch aus, dass die Speicherstrukturen schon so tief liegen, dass man das Wissen »wie im Schlaf beherrscht«. Nahezu ohne nachzudenken ist das Wissen verfügbar und hat sich, sofern möglich, auch schon automatisiert, zum Beispiel bei Bewegungsabläufen.
2. ***Abruf-Wissen:*** Mit diesem Wissen kann man richtig arbeiten. Ohne Anstoß von außen ist das Wissen parat. Mit diesem Wissen kann man seine Gedanken formen und sprechen – es ist zum aktiven Wissen zu zählen.
3. ***Antwort-Wissen:*** Auf eine gezielte Frage kann man die Antwort sofort geben. Allerdings ist auf diesem Wissensniveau das Wissen nur passiv vorhanden und noch nicht spontan abrufbar.
4. ***Such-Wissen:*** Ohne jegliche Hilfe findet man nach langem Suchen in den Windungen des Gehirns die richtige Antwort – doch der Fragesteller kann schon weg sein.
5. ***Hinweis-Wissen:*** Wenige direkte oder indirekte Hinweise führen zum sicheren Abruf des Wissens, zum Beispiel der Anfangsbuchstabe oder eine Zusatzinformation wie die Nationalität.

6. ***Auswahl-Wissen:*** Aus einem vorgegebenen Angebot von Antworten wählt man aus – ohne diese begrenzte Anzahl von angebotenen Antworten wäre man selbst nicht darauf gekommen (multiple choice).
7. ***Glaube-Wissen:*** Man ist nicht überzeugt, sondern spekuliert oder glaubt nur, dass die eigene Antwort stimmt. Die Hand würde man dafür nicht ins Feuer legen.

Die Grafik auf der gegenüberliegenden Seite zeigt die sieben Wissensniveaus schichtartig als Blöcke angeordnet. Die einzelnen abwärts geneigten Linien sind die »Vergessenslinien«, die man durch jeweilige Wiederholungsvorgänge erreichen kann. Die senkrechten Balken entsprechen einer Wiederholung des Wissensstoffes, wobei der Anfangspunkt der am weitesten links liegenden Linie für die erstmalige Konfrontation mit dem Lernstoff steht.

Zum Zeitpunkt Null nimmt man den Lernstoff erstmalig auf, womit sich das Wissensniveau an der Grenze zum Abruf-Wissen befindet. Aber dieses Wissen ist nicht sehr gefestigt und wird schnell vergessen. Dieser Umstand wird kenntlich gemacht durch die steil abfallende Linie. Noch bevor das Wissensniveau allzu sehr absinkt, sollten wir wiederholen, denn dadurch erreichen wir nicht nur wieder ein höheres Wissensniveau für den Lernstoff, sondern wir schaffen den Sprung zu einer »besseren« Vergessenslinie. Diese Linie hat eine geringere Neigung als die vorige, was bedeutet, dass das Gelernte langsamer vergessen wird, also die absteigenden Wissensniveaus langsamer durchlaufen werden.

Eine solche Wiederholung wird durch einen senkrechten Balken dargestellt – die Balkenhöhe entspricht einer normalen Wiederholungseinheit. Wiederholen Sie jedoch sehr intensiv, ist er hö-

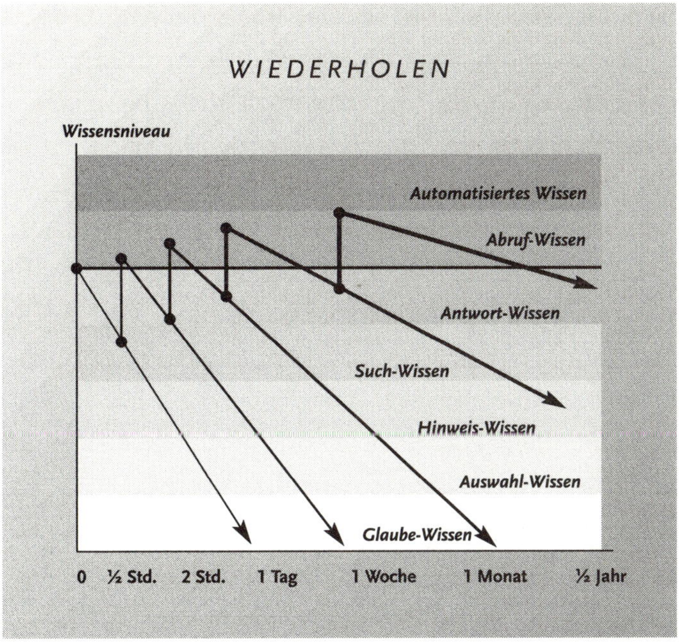


*Das Kaskadenmodell des Vergessens: Durch mehrfaches Wiederholen erhöht man das Wissensniveau und senkt die Geschwindigkeiten des Vergessens (siehe Erläuterung im Text)*

her, wiederholen Sie unkonzentriert und nur mechanisch, ist er wesentlich kleiner. Wichtig ist, dass er hoch genug sein muss, um die nächste (höherwertige) Vergessenslinie zu erreichen! Und jetzt wird auch klar, warum wir zu bestimmten Zeiten wiederholen sollten: Wenn wir nämlich zu lange warten, ist die Vergessenskurve, nach der unser Wissen abbröckelt, schon so weit abgesackt, dass eine normale Wiederholungseinheit nicht mehr ausreicht, um auf die nächstbessere Wissenskurve »aufzuspringen« (in diesem Fall würden wir zwar kurzfristig ein höheres Wissensniveau erreichen, aber weiterhin auf der gleichen Vergessenskurve verbleiben).

Es ist nach diesem Modell fatal, sehr lange mit einer Wiederholung zu warten, denn dann sind die Erinnerungsspuren so weit verblasst, dass man nicht mehr an ihnen anknüpfen kann – man muss dann den Lernstoff von neuem lernen. (Eine schöne Analogie dazu ist eine Straße im Dschungel. Wenn man sie nicht in den richtigen Zeitabständen immer wieder von den schnell wachsenden Sträuchern und Bäumen befreit, dann ist sie irgendwann vollständig zugewachsen, sodass man sie nicht mehr wiederfindet und eine neue Straße bauen muss!) Außerdem zeigt die Grafik auch, warum ein zu frühes Wiederholen nicht effektiv ist – es liegen zu frühen Zeitpunkten einfach noch keine höherwertigen Vergessenslinien vor.

**Tipp:** Wiederholen Sie den Lernstoff zum längerfristigen Behalten entsprechend der obigen Abbildung nach etwa einer halben Stunde, zwei Stunden, einem Tag, einer Woche, einem Monat und einem halben Jahr. Wiederholen in diesen sinnvollen Intervallen kann unnötigen Lernaufwand vermeiden.

Die empfohlenen Zeiträume sind jedoch nur grobe Richtlinien, und sie sind auch für jeden Einzelnen in gewissen Grenzen verschieden. Zudem spielt die Wiederholungsintensität eine Rolle, aber auch Ihre Motivation oder der zu lernende Stoff. Beobachten Sie sich beim Lernen selber, um für sich den optimalen Punkt des Wiederholens herauszubekommen.

# Mnemotechnik: Der Turbo des Lernens

Viele Geisteshelden haben sich mit der Mnemotechnik (= Mnemonik) beschäftigt und sie für ihre speziellen Aufgaben angewandt und gelehrt. Aristoteles zum Beispiel hat seinen Studenten vorgeschlagen, sich die Zeugen (testes) in einem Gerichtsverfahren als mentales Bild in Form von Hoden (testicles) einzuprägen. Aber auch der Philosoph René Descartes und der Mathematiker Gottfried Wilhelm Leibniz haben Mnemotechniken eingesetzt und weiterentwickelt.

Es gibt zahlreiche Bücher, die Tausende von so genannten Gedächtnishilfen wie Eselsbrücken aus verschiedenen Bereichen auflisten, um sich auf diese Weise Erkrankungen, Gesetze, chemische und physikalische Daten, historische Ereignisse oder sonstige Fakten einzuprägen. Obgleich jeder schon öfters gemerkt hat, wie wirkungsvoll gute mnemotechnische Hilfen sind, werden sie in der Schule, während der Ausbildung oder an der Universität eher stiefmütterlich behandelt. Nach jahrzehntelangen Bildungsdebatten scheinen nun Lerntechniken Einzug in die Lehrpläne der Schulen zu finden. Warum das so lange dauerte, ist für mich ein großes Rätsel, denn was wir mit großer Sicherheit selbst nach vielen Jahren noch wissen, ist gerade das mit mnemotechnischen Hilfsmitteln abgespeicherte Wissen.

## Warum Eselsbrücken Expertenbrücken sind

Mit dem allgemein bekannten Begriff »Eselsbrücke« werden landläufig alle mnemotechnischen Gedächtnishilfen bezeichnet. Vielleicht besteht in Deutschland eine gewisse Abneigung gegen solche Gedächtnishilfen, weil das Wort »Esel« – als Bezeichnung für einen dummen Menschen – darin vorkommt. Aber ist nicht der klug, der sich auf effiziente Weise Wissen abspeichert?

Der Begriff »Eselsbrücke« stammt von dem römischen Schriftsteller Plinius und entsprang der Volksmeinung, dass ein Esel nicht über eine Brücke geht, wenn er durch sie das Wasser sieht. Der Begriff stand in früheren Jahrhunderten für das Stutzen vor vermeintlicher Gefahr. Später wurde er für Hilfswege zur Verständlichmachung von mathematischen Problemen benutzt; erst in neuerer Zeit spricht man von einer »Eselsbrücke«, wenn man eine mentale Hilfsverknüpfung bei Einpräge-Problemen macht.

Das Wortteil »Brücke« ist indes ideal gewählt, denn man schlägt eine stets begehbare Brücke von der Frage zu der Antwort, vom Unwissen zum Wissen. Darum spreche ich lieber von einer »Expertenbrücke«, denn mit dem »Bau« einer guten Expertenbrücke werden Sie augenblicklich zum Informationsexperten.

Doch wann sollte man »Expertenbrücken« verwenden? Es ist ein erstaunliches Phänomen des menschlichen Gedächtnisses, dass es sich einige Dinge spielend leicht merken kann, während es sich sträubt, andere Dinge zu speichern. Das können Alltagsprobleme sein, wie das Verwechseln von links und rechts oder die Anordnung der Himmelsrichtungen Westen und Osten. Oder es können Probleme aus dem Lernstoff sein, den Sie dringend für eine Prüfung beherrschen müssen. Ein Beispiel aus der Chemie quält

**Tipp:** Erstellen Sie eine Liste Ihrer persönlichen, immer wiederkehrenden Gedächtnisprobleme; aber finden Sie sich nicht einfach mit ihnen ab. Kreieren Sie ein für alle Mal eine stabile Eselsbrücke und gehen Sie (darüber!) selbstsicherer und wissender durchs Leben.

Generationen von Gymnasiasten: Ist eine Reduktion eine Elektronenaufnahme oder eine Elektronenabgabe?

Wichtig ist, dass Sie zu den für Sie schwer lernbaren Informationen eine weitere anschauliche und bedeutungsvolle Information hinzufügen. Man spricht hierbei auch von einem elaborativen Lernen, da man den Lernstoff weiter »ausarbeitet«, nach dem Motto: Die eigentliche Information kann ich mir nicht merken, also füge ich eine passende Information hinzu, die ich mir leicht merken kann und die wie ein Haftstoff auch die schwer lernbare Information im Gedächtnis abspeichert. Dazu ein paar Beispiele:

Wir lernen in der Schule das Alphabet und das Schreiben; also wissen wir, dass das L vor dem R kommt und dass wir von links nach rechts lesen. Macht man sich diesen Zusammenhang klar, kann man links und rechts nicht mehr vertauschen (das ist für etliche Zeitgenossen durchaus ein großes Problem).

Wo stehen die Buchstaben W und O auf dem Kompass? Ganz einfach: Sie stehen so, dass sie das Wort WO bilden. Das Wort OW gibt es zum Glück ja nicht (zumindest nicht in der deutschen Sprache).

Eine Reduktion ist eine Elektronenaufnahme. Aber wie merken? Integrieren Sie einfach den Anfangsbuchstaben von Reduktion im Wort Elektronenaufnahme – dann kommen Sie zu ElektronenRaufnahme – und siehe da!

Nehmen Sie also wahr, mit welchen Begriffsdifferenzierungen und Zuordnungen von Fakten Sie immer wieder Schwierigkeiten haben, und bilden Sie Ihre eigenen Eselsbrücken. Das reduziert Unsicherheiten, und lässt Sie kompetenter erscheinen!

## Akustische Logik: Reime

Eine akustische Eselsbrücke stellen die »Lernreime« dar. Jeder kennt sie aus der Schulzeit; und fast jeder erinnert sich auch an sie:

- Sieben-fünf-drei: Rom kroch aus dem Ei
- Drei-drei-drei: bei Issos Keilerei
- Erst das Wasser, dann die Säure, sonst geschieht das Ungeheure.
- Le bœuf, der Ochs, la vache, die Kuh. Ferme la porte, die Tür mach zu.
- Bier auf Wein, das lass sein, Wein auf Bier, das rat ich dir.
- Hältst du den Löffel konkav, bleibt die Suppe brav. Hältst du ihn konvex, gibt es einen Klecks.
- Sometimes, always, never, just stets nur vor das Zeitwort passt.

Ein als Reim formulierter Lernstoff haftet besser im Gedächtnis, es ist eine Art »akustische Logik«, die in einem eingängigen Rhythmus zur richtigen Information führt. Wie gut wir einen Text wortwörtlich lernen können, etwa ein Gedicht, hängt bei den meisten Menschen davon ab, ob sich die einzelnen Verse reimen oder nicht.

Spielen Sie also mit der Sprache und setzen Sie dieses akustische Werkzeug beim Lernen intensiv ein; besonders gilt dies für »auditive Lerntypen« (das sind jene, die für akustische Sinnesreizungen ein überdurchschnittlich gutes Gedächtnis haben). Aber auch die anderen sollten wo immer möglich dieses zusätzliche »Gedächtniswerkzeug« beim Memorieren zu Hilfe nehmen; allerdings nur in Ergänzung zum Erstellen von mentalen Bildern!

## Akronyme: Kürzel haften besser

Der Begriff Akronym stammt aus dem Griechischen und bedeutet (Groß-)Buchstabenwort. Er leitet sich aus akros = Spitze, äußerstes Ende und onyma = Name ab. Kurz gesagt, ist ein Akronym ein Buchstabenwort, das sich aus den Anfangsbuchstaben anderer Wörter oder Namen zusammensetzt. Somit ist ein Akronym keine Abkürzung im herkömmlichen Sinne, sondern eine kurze Zusammenstellung von Information.

Ein paar Beispiele zeigen, dass unser Alltag voll von Akronymen ist:

- BSE: **B**ovine **S**pongiforme **E**nzephalopathie (schwammartige Degeneration des Rinderhirns)
- AIDS: **A**cquired **I**mmune **D**eficiency **S**yndrome (erworbenes Immunschwäche-Syndrom)
- FIFA: **F**édération **I**nternationale de **F**ootball **A**ssociation (Internationaler Fußballverband)
- HUGO: **HU**man **G**enom **O**rganisation (zur Entschlüsselung des menschlichen Erbguts)

Manche Begriffe haben sich in den Köpfen der Menschen schon so festgesetzt, dass diese oft gar nicht mehr wissen, dass sie es mit einem Akronym zu tun haben. So sind die Partei-Kürzel CDU, CSU, FDP, SPD und PDS klassische Akronyme. Und wer weiß schon, dass LASER Light Amplification by Stimulated Emission of Radiation bedeutet?

Der Gebrauch von Akronymen macht uns das Leben leichter, denn niemand mag seine Zunge mit langen Wortungetümen massieren. Aber auch zum Lernen sind sie bestens geeignet, da sie die abzuspeichernde Information zusammenfassend bündeln, und zwar zu einem einzigen Begriff. Ein Akronym ist also ein Informationspaket, das uns verpackte Information liefert. Wir müssen nur wissen, wie man sie auspackt! Die Anfangsbuchstaben dienen uns dabei als Wegweiser zur abzuspeichernden Information.

**Tipp:** Akronyme sind vorzügliche Wissenspakete. Verpacken Sie zu lernende Information so oft wie möglich auf diese kreative Weise – das Entpacken – also die Wiedergabe – geschieht dann mit hoher Zuverlässigkeit.

Ein paar Beispiele sollen das Lernprinzip veranschaulichen:

- SOG: Akronym für die drei Menschenaffen **S**chimpanse, **O**rang-Utan und **G**orilla
- HOMES: Akronym für die fünf großen Seen Nordamerikas: Lake **H**uron, Lake **O**ntario, Lake **M**ichigan, Lake **E**rie, Lake **S**uperior
- SPO: **S**ubjekt-**P**rädikat-**O**bjekt-Regel in der englischen Grammatik

Natürlich kann man nicht für jeden Lernstoff ein gutes Akronym finden. Wenn Sie aber eines für sich entdecken, dann ist damit das Wissen nahezu unauslöschlich in Ihr Gehirn »eingebrannt«. Und wenn Ihnen auch nach einigem Überlegen kein gutes Akronym einfällt, dann ist das Wissen allein durch den Versuch einer fantasievollen Prozessierung schon ganz gut abgespeichert worden.

***Wie meistere ich die Spielkarten-Nuss?***

Spielkarten stellen eine äußerst abstrakte Information dar. Ferner ähneln sich viele Karten optisch sehr, sodass eine exakte Abspeicherung unzuverlässig ist. Auch hier müssen wir uns der Transformation bedienen. Finden Sie ein System, um die einzelnen Karten zu anschaulicher Information umzuwandeln. Es sind mehrere Möglichkeiten denkbar. Ein System nutzt Akronyme: Jede Karte ist durch die Farbe und den Wert beschreibbar: zum Beispiel Pik Ass – also PA. Für dieses Akronym können wir nun eine Person, ein Tier oder ein Objekt setzen, etwa Pamela Andersson. Treff 4 könnte unter gleichzeitigem Einsatz des Master-Systems (4=R) zu TR werden; welches wiederum für Tyrannosaurus Rex stehen könnte. Wenn Sie sich etwas Zeit nehmen und alle 32 Karten zu einem anschaulichen Begriff umwandeln, dann wird das Lernen einer Abfolge von Karten zum Kinderspiel – und ein Skat oder Schafkopf für Ihre Gegner zum Albtraum.

Eine verwandte Memoriertechnik ist die akrostische Mnemonik, bei der die Anfangsbuchstaben der zu erinnernden Begriffe die Anfangsbuchstaben von anderen Wörtern bilden, aus denen dann ein einprägsamer Satz entsteht. (In diesem Zusammenhang sei auch das Akrostichon erwähnt, das ein Gedicht ist, bei dem die

Anfangsbuchstaben der Verse oder der Wörter ein Wort ergeben.) Auch hier wieder ein paar Beispiele aus verschiedenen Wissensbereichen:

Akrostische Codierung der neun Planeten des Sonnensystems in der richtigen Reihenfolge:

| | | | | |
|---|---|---|---|---|
| **M**erkur | **V**enus | **E**rde | **M**ars | **J**upiter |
| **M**ein | **V**ater | **E**rklärt | **M**ir | **J**eden |
| **S**aturn | **U**ranus | **N**eptun | **P**luto | |
| **S**onntag | **U**nsere | **N**eun | **P**laneten | |

Ein Beispiel aus der Astrophysik sind die neun Spektralklassen der Fixsterne:

**O**h **B**e **A** **F**ine **G**irl **K**iss **M**e **R**ight **N**ow.

In der Musik lernt man akrostisch, wie bei verschiedenen Saiteninstrumenten die Saiten gestimmt sind:

*Gitarre:* **E**ine **A**lte **D**ame **G**ing **H**eringe **E**inkaufen.

*Geige:* **G**eh' **D**u **A**lter **E**sel.

*Kontrabass:* **E**ine **A**lte, **D**umme **G**ans.

Auch hierbei ist der Trick, die abstrakte Reihenfolge von Informationen in eine emotional besetzte (lustige, traurige, freche, obszöne oder bunte) Zeile oder in ein einprägsames Bild zu übersetzen.

## Logomonik: Den Lernschlüssel finden

Diesen Begriff habe ich geprägt, als mir auffiel, dass der Einsatz von Logik in der Mnemonik zu einer sicheren und lang anhaltenden Abspeicherung führt.

Oft schalten wir beim Lernen unseren Verstand regelrecht aus und versuchen, die neue Information in unser Gedächtnis »reinzuhämmern«. Dabei versteckt sich in vielen Lernstoffen ein logischer »Lernschlüssel«, den man nur entdecken muss. Mit diesem Lernschlüssel gleitet dann das zu lernende Material fast automatisch in den Langzeitspeicher.

Gehen Sie also beim Lernen auf die Suche nach solchen logischen und sinngebenden Anhaltspunkten für die Abspeicherung. Ganz nebenbei trainieren Sie Ihre Intelligenz und Ihr Assoziationsvermögen. Eine Reihe von Beispielen soll Ihnen das Prinzip der Logomonik veranschaulichen:

Stalagmiten und Stalagtiten sind Salzstrukturen, die in Tropfsteinhöhlen entweder von unten nach oben oder von oben nach unten wachsen. Aber was ist was? Erkennen Sie eine logomonische Assoziation, so haben Sie sicherlich ein Leben lang Gewissheit: So wie die vulgär als Titten bezeichneten Brüste von der Schwerkraft nach unten gezogen werden, wachsen auch die Stalagtiten nach unten.

Marilyn Monroe lebte von 1926 bis 1962. Sie war als Person äußerst spiegelbildlich: auf der einen Seite das strahlende, stets gut gelaunte Glamour-Girl, andererseits von tiefen Depressionen gequält. Genauso ist die Zahl 62 quasi das Spiegelbild von 26.

1189 gab Kaiser Friedrich Barbarossa der Stadt Hamburg einen Freibrief zur Benutzung der Elbe: 11 und 89 sind zu memorieren.

Wenn Ihnen auffällt, dass 11 und 89 zusammen die gerade Summe 100 ergibt, so stellt diese Erkenntnis einen weiteren Stützpfeiler zur Erinnerung dar.

Brücke

11 ▲ 89

100

*Das Aufspüren verborgener Information verhilft zur festeren Abspeicherung (die Erinnerungsbrücke wird dadurch besser stabilisiert)*

Die zwei englischen Wörter principal und principle können wegen der Ähnlichkeit leicht verwechselt werden, aber sie haben grundverschiedene Bedeutungen: Direktor und Prinzip. Weiß man aber, dass das englische Wort pal (also das Ende von principal) Kumpel bedeutet, also ebenso für eine Person steht wie »principal«, kommt man nie mehr durcheinander.

Bei näherer Betrachtung von anderen Vokabeln erkennt man die Logik, zum Beispiel beim englischen Wort für Wippe: seesaw. Dieses setzt sich nämlich aus »see« (sehe) und »saw« (sah) zusammen, entsprechend also der sich verändernden Perspektive beim Wippen.

In der englischen Sprache gilt für die Reihenfolge der näheren Bestimmungen die Regel Ort vor Zeit oder place before time. Das ist leicht zu merken durch die entsprechende Reihenfolge im Alphabet: O vor Z oder P vor T. Es heißt also richtig: We go to the office every day.

**Getrennt schreiben** und **zusammenschreiben** sind Beispielwörter für die neue Rechtschreibregel, dass künftig getrennt werden muss, wenn der erste Wortteil ein Mittelwort (Partizip) ist. Dagegen werden Verbindungen aus Umstandswörtern (zusammen) und Tätigkeitswörtern nicht getrennt.

Reißverschluss: Logomonisches Beispielwort für die Regel, auf lange Selbstlaute und Doppellaute das kurze ß (Maß, außen, reißen) und auf kurze Selbstlaute das (vergleichsweise) lange ss zu schreiben (Kuss, Hass, Schluss). Oder auch bildlich gemerkt: Auf langen Selbstlaut folgt das längliche (hohe) ß.

Wenn Sie die Mnemonik zum Lernen einsetzen, sind die Informationen fast immer so fest bei Ihnen verankert, dass Sie auf ein sicheres Abrufen vertrauen können und damit in der Lage sind, weiteren Lernstoff schnell aufzunehmen: Der Turbo des Lernens wurde aktiviert!

***Wie meistere ich den Binärzahlen-Sprint?***

Die abstrakteste Information überhaupt ist die Abfolge von Nullen und Einsen. Also müssen wir eine Transformation vornehmen, wobei wir uns der mathematischen Zahlentheorie bedienen. Eine Abfolge von drei Binärzahlen kann nämlich leicht zu normalen Ziffern von 0 bis 7 umgewandelt werden, und zwar auf folgende Weise: 000=0, 001=1, 010=2, 011=3, 100=4, 101=5, 110=6, 111=7. (Wenn Sie das System noch nicht kennen, versuchen Sie, es zu verstehen. Kleiner Tipp: Jedes Mal, wenn die 1 eine Stelle weiter nach links rückt, führt dies zur Verdopplung ihres Wertes.) Ein zusätzlicher Trick ist auch noch hilfreich: Wenn Sie zweimal dreistellige Binärzahlen zusammenfassen, kommen Sie zu Zahlen zwischen 0 und 77, zum Beispiel 010 101 = 25 = Nil (Master-Wort für 25). Sie sehen, dass mit »Grips« diese Testaufgabe zum Kinderspiel wird, denn nach der richtigen Umwandlung sind nur acht Master-Wörter in der vorgegebenen Minute zu lernen.

# Gedächtnistest-Finale: Der Erfolg winkt!

Wenn Sie die Grips-Show (RTL) von Günther Jauch im Januar 2002 verfolgt haben, können Sie ermessen, wie dramatisch die Verbesserung Ihres eigenen GQ jetzt sein müsste. Schließlich profitierte Verona Feldbusch von meinem nur knapp zweistündigen Crash-Kurs derart, dass sie von 20 Begriffen nach einmaligem Hören immerhin 17 memorieren konnte, und das sogar in der richtigen Reihenfolge.

Und nun kommt Ihre Stunde der Wahrheit! Wenn Sie das Buch nicht nur einfach durchgelesen, sondern intensiv studiert haben, können Sie jetzt den abschließenden GQ-Test absolvieren. Damit sich mein Versprechen, dass Ihr GQ nach dem Lesen des Buches im genialen Bereich liegt (über einem Wert von 140), mit Sicherheit erfüllt, sollten allerdings noch einige Voraussetzungen gegeben sein: Sie sollten mehrere Wochen die hier beschriebenen Techniken im persönlichen Training oder im Alltag eingesetzt haben, wobei Sie mittlerweile schon viele hundert mentale Bilder im Geist erstellt haben. Das Master-System sollten Sie nahezu aus dem Effeff beherrschen, also alle Zahlen von Null bis 99 in deutlich unter fünf Minuten in den entsprechenden Master-Begriff umwandeln können. Außerdem sollten Sie mindestens vier bis fünf Routen mit insgesamt 60 bis 100 Routenpunkten zum Memorieren parat haben. Wenn Sie ein ganz ausgezeichnetes Gesamtergebnis bekommen möchten, rate ich Ihnen, noch mal die Binärzahlencodierung anzuschauen und sich vor dem Kartentest noch eine Spielkartenumwandlung zu überlegen. Wenn Sie dann noch hellwach, entspannt und motiviert sind, steht einem phänomenalen Ergebnis beim Test nichts mehr im Weg. Viel Erfolg dabei!

## Wie hoch ist nun Ihr GQ?

Der Abschlusstest ist genauso aufgebaut wie der Eingangstest. Er besteht also aus fünf Aufgaben zu je einer Minute und fünf Aufgaben zu je fünf Minuten – zusammen mit der maximal vorgesehenen Aufschreibzeit dauert er somit etwa eine Stunde. Da es jeweils recht kurze Testzeiten sind und sich natürlich bei mehr Zeit auch mehr merken lässt, ist die exakte Einhaltung der vorgegebenen Memorierzeiten und der Wiedergabezeiten unbedingt notwendig, um ein zuverlässiges Ergebnis zu erhalten. Ferner sollten Sie konsequent den Modus der Punktevergabe für jeden Test befolgen; ansonsten bekommen Sie ein wenig aussagekräftiges und verfälschtes Endergebnis!

Für den Test benötigen Sie das Gleiche wie für den Eingangstest (siehe Seite 13). Auch wenn Sie einen sehr ähnlichen Test schon einmal gemacht haben, lesen Sie bitte vor jeder Aufgabe die Beschreibung sorgfältig durch, und fangen Sie erst dann an, wenn Ihnen die Aufgabenstellung und die Punktebewertung klar ist.

## TEST 1

### Telefonnummern-Geister

***Memorierzeit: 5 Minuten***

Für diesen Zahlentest haben Sie fünf Minuten Zeit zum Einprägen. Sie bekommen sechs Telefonnummern mit jeweils acht Ziffern. Wenn Sie das Master-System gut beherrschen und eine leichtgängige Route mit mindestens 24 Routenpunkten verwenden, könnte es ein Leichtes für Sie sein, alle 48 Ziffern in fünf Minuten zu memorieren, dies entspräche dem Deutschen Rekord auf der 1. Deutschen Gedächtnismeisterschaft im Jahr 1997. Vergessen Sie aber nicht das Wiederholen der mentalen Bilder vor Ablauf der fünf Minuten, und seien Sie auch nicht überehrgeizig – besser weit überdurchschnittliche drei oder vier Telefonnummern ganz korrekt einprägen, als fünf oder sechs bruchstückhaft und falsch. Wie Sie wissen, ist die Fehlerbewertung recht streng.

**Bewertung:** Für eine vollständig memorierte achtstellige Nummer erhalten Sie vier Punkte. Wenn Sie in einer Telefonnummer nur eine Ziffer falsch oder eine Lücke haben, können Sie sich noch zwei Punkte geben, ansonsten – auch bei einem Zahlendreher – gibt es null Punkte für diese Telefonnummer. Entsprechend sind die anderen Telefonnummern zu bewerten (Maximalpunktzahl: 24).

**START!**

**5 Minuten**

| | | | | | | | | |
|---|---|---|---|---|---|---|---|---|
| *1. Telefonnummer:* | **7** | **1** | **2** | **2** | **4** | **3** | **9** | **9** |
| *2. Telefonnummer:* | **3** | **3** | **1** | **7** | **7** | **8** | **1** | **4** |
| *3. Telefonnummer:* | **6** | **8** | **9** | **0** | **5** | **0** | **8** | **4** |
| *4. Telefonnummer:* | **9** | **2** | **1** | **3** | **8** | **3** | **8** | **2** |
| *5. Telefonnummer:* | **2** | **8** | **0** | **4** | **0** | **7** | **1** | **1** |
| *6. Telefonnummer:* | **1** | **9** | **5** | **1** | **6** | **0** | **5** | **6** |

## Telefonnummern-Geister

***Wiedergabezeit: max. 5 Minuten***

Kontrollieren Sie nun Ihre Zahlen und geben Sie sich entsprechend der beschriebenen Punkte- und Fehlerbewertung Ihre Punkte.

| | | | | | | | | | Punkte: |
|---|---|---|---|---|---|---|---|---|---|
| *1. Telefonnummer:* | | | | | | | | | ___ |
| *2. Telefonnummer:* | | | | | | | | | ___ |
| *3. Telefonnummer:* | | | | | | | | | ___ |
| *4. Telefonnummer:* | | | | | | | | | ___ |
| *5. Telefonnummer:* | | | | | | | | | ___ |
| *6. Telefonnummer:* | | | | | | | | | ___ |

**Gesamtpunktzahl:** ___

## TEST 2

### Bilder-Sprint

***Memorierzeit: 1 Minute***

Bei dieser Aufgabe haben Sie eine Minute Zeit, sich von 25 Bildern so viele wie möglich einzuprägen, wobei es jedoch *nicht* erforderlich ist, gleichzeitig die Reihenfolge der Bilder zu memorieren. Nach der einminütigen Einprägephase decken Sie bitte sofort die Abbildungen mit einem Blatt Papier ab und geben Sie dann aus dem Gedächtnis die Bilder in Form eines entsprechenden Stichworts wieder, an die Sie sich noch erinnern. Nutzen Sie Ihre blitzschnelle Assoziationsfähigkeit und Ihre unermessliche Imagination – dann sind fast alle abspeicherbar!

**Bewertung:** Für jedes Bild, das Ihnen noch richtig in Erinnerung geblieben war und von Ihnen aufgeschrieben wurde, erhalten Sie einen Punkt (Maximalpunktzahl: 25).

START!

1 Minute

## Bilder-Sprint

***Wiedergabezeit: 2 Minuten***

Mit einem kurzen Stichwort können Sie nun die memorierten Bilder wiedergeben. Vergleichen Sie dann Ihre Begriffe mit den Bildern und ermitteln Sie entsprechend der Punktebewertung Ihre Gesamtpunkte für diese Disziplin.

| | | | | |
|---|---|---|---|---|
| ____ | ____ | ____ | ____ | ____ |
| ____ | ____ | ____ | ____ | ____ |
| ____ | ____ | ____ | ____ | ____ |
| ____ | ____ | ____ | ____ | ____ |
| ____ | ____ | ____ | ____ | ____ |

**Gesamtpunktzahl:** ____

## TEST 3

## Vokabel-Challenge

***Memorierzeit: 5 Minuten***

In diesem Test werden Ihnen insgesamt 26 erfundene Vokabeln – Fantasie-Vokabeln – mit jeweils einer deutschen Übersetzung gegeben. Versuchen Sie, sich in fünf Minuten so viele Vokabeln wie möglich einzuprägen. Danach erhalten Sie eine Auflistung dieser 26 Vokabeln in veränderter Reihenfolge, wobei Sie die Fantasie-Vokabeln vorgelegt bekommen und lediglich die entsprechende deutsche Übersetzung ergänzen müssen. Versuchen Sie, versteckte, zum Memorieren hilfreiche Informationen zu entdecken, und nutzen Sie Ihre grenzenlose Fantasie!

**Bewertung:** Für jede richtig zugeordnete Vokabel erhalten Sie einen Punkt (Maximalpunktzahl: 26).

**START!** **5 Minuten**

| | | | |
|---|---|---|---|
| pricolin | Parfüm | hulibalde | Maus |
| ravimako | Fahrer | sarkos | Stein |
| pumpilupy | Trainer | nospulina | Schwimmbad |
| kostamoken | Schuhe | kramesop | Seife |
| predokup | Kaufmann | listermin | Postmann |
| souren | tanzen | perumen | waschen |
| bambulino | Kind | slimakil | Tier |
| lujamine | Vogel | festuden | Beutel |
| girosopen | backen | amerlen | beten |
| kelisek | Geld | cinten | sprechen |
| dmoslipe | Kuss | delmentago | Gehirn |
| juoroko | Junge | ragimen | hemmen |
| rubenat | Teppich | elinkasin | Küste |

## Vokabel-Challenge

***Wiedergabezeit: 5 Minuten***

Nun versuchen Sie, sich an möglichst viele Vokabeln zu erinnern. Wenn Ihre deutsche Übersetzung dem Wortlaut nach nicht ganz richtig ist, aber sehr sinnverwandt ist (zum Beispiel Gebüsch statt Busch), so können Sie sich zumindest noch einen halben statt einen Punkt geben. Zählen Sie am Ende alle Punkte dieser Aufgabe zusammen.

| | | Punkte: |
|---|---|---|
| delmentago | | |
| perumen | | |
| amerlen | | |
| elinkasin | | |
| juoroko | | |
| hulibalde | | |
| sarkos | | |
| ravimako | | |
| nospulina | | |
| festuden | | |
| girosopen | | |
| kramesop | | |
| slimakil | | |

| | | Punkte: |
|---|---|---|
| souren | | |
| predokup | | |
| lujamine | | |
| ragimen | | |
| bambulino | | |
| pumpilupy | | |
| pricolin | | |
| rubenat | | |
| moslipe | | |
| kelisek | | |
| kostamoken | | |
| listermin | | |
| cinten | | |

**Gesamtpunktzahl:** ______

## TEST 4

## Personen-Sprint

***Memorierzeit: 1 Minute***

Haben Sie das Kapitel über Namen und Gesichter aufmerksam gelesen und auch fleißig im Alltag trainiert? Dann bewältigen Sie die nachfolgende Aufgabe wohl fast mit links. Prägen Sie sich die Namen zu möglichst vielen Gesichtern ein, und vertrauen Sie auf Ihr Kombinations- und Vorstellungsvermögen! Bei diesem Test sehen Sie zehn Gesichter mit zugehörigem Vor- und Nachnamen. Sie haben eine Minute Zeit, sich alle Namen möglichst auch mit richtiger Schreibweise einzuprägen.

**Bewertung:** In der Wiedergabephase sind wieder alle zehn Gesichter aufgeführt, allerdings in anderer Reihenfolge. Schreiben Sie den korrekten Vor- und Nachnamen unter jedes Foto. Für jeden richtig zugeordneten Vornamen sowie Nachnamen erhalten Sie einen Punkt. Ist ein Name nicht hundertprozentig korrekt wiedergegeben, enthält er aber die Hauptmerkmale des ursprünglichen Namens, so können Sie sich noch einen halben Punkt geben (Maximalpunktzahl: 20 Punkte).

**START!**

**1 Minute**

Angela Senger

Felix Kratz

Britta Kamp

Mark Friederich

Nicol Schönfeld

Achill Moser

Christine Meyer

Dieter Kreft

Wiebke Brede

Bernd Ulbricht

## Personen-Sprint

***Wiedergabezeit: 2 Minuten***

Schreiben Sie nach bestem Wissen die Namen unter die Gesichter: Erinnern Sie sich so intensiv wie möglich an das, was Sie beim Erstellen des Mentalbildes dachten.

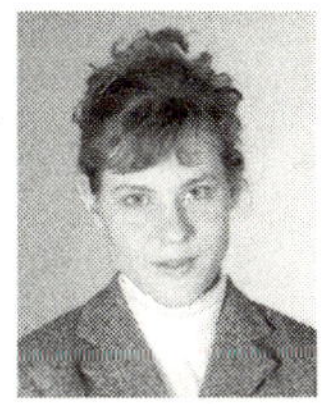

**Gesamtpunktzahl:**

## TEST 5

### Termin-Cocktail

***Memorierzeit: 5 Minuten***

Bei der nächsten Aufgabe stellen Sie sich vor, dass Sie von frühmorgens bis nachts viele Dinge zu erledigen haben. Da es insgesamt 25 Verpflichtungen sind, die Sie zeitlich so gelegt haben, dass Sie auch wirklich alles an diesem Tag erledigen können, müssen Sie unbedingt die Reihenfolge korrekt memorieren. Wie so oft im Leben hätte es fatale Folgen, wenn Sie etwas vergessen oder – weil »verschwitzt« – zu spät dazu kommen. Mit der Routen-Methode sollte es ein Leichtes sein, alle Termine fehlerfrei abzuspeichern – aber wenn Sie noch nicht ganz so schnell sind, versuchen Sie lieber »nur« 15 oder 20 und wiederholen sicherheitshalber einmal mehr. Wenn Sie diese dann ohne Fehler wiedergeben können, ist das auch schon ein fabelhaftes Ergebnis.

Bewertung: Sie bekommen fünf Spalten mit jeweils fünf Wörtern. Für jede vollständig memorierte Spalte bekommen Sie fünf Punkte. Haben Sie einen Fehler in einer ansonsten kompletten Spalte gemacht, erhalten Sie noch zweieinhalb Punkte für diese Spalte (bei zwei oder mehr Fehlern pro Spalte erhalten Sie null Punkte). Leichte Abwandlungen, zum Beispiel »Kiste« statt »Kasten«, zählen nicht als gravierende Fehler; allerdings sollten Sie sich einen Punkt für eine solche Ungenauigkeit abziehen. Wenn Sie zum Beispiel die ersten vier Spalten zu memorieren versuchten und die erste Spalte vollständig korrekt, nur eine Lücke in der zweiten Spalte, zwei Fehler in der dritten Spalte und eine leichte Abwandlung in der vierten Spalte haben, so geben Sie sich folgende Gesamtpunktzahl: 5 + 2,5 + 0 + (5–1) = 11,5 Punkte (Maximalpunktzahl: 25).

**START!**

**5 Minuten**

| | | | | |
|---|---|---|---|---|
| 1. Kaffee-maschine | 6. Eis-kratzer | 11. Restaurant | 16. Druckerei | 21. Arbeits-kleidung |
| 2. Boiler | 7. Öl-kontrolle | 12. Konzept | 17. Konto-auszug | 22. Hand-werker |
| 3. Wäsche | 8. Chef | 13. Ansprache | 18. Massage | 23. Gassi gehen |
| 4. Gymnastik | 9. Sitzung | 14. Kündigung | 19. Blumen | 24. Entspan-nungsbad |
| 5. Akten-tasche | 10. Jubiläum | 15. Dauerlauf | 20. Mietwagen | 25. Bibel-lesung |

## Termin-Cocktail

***Wiedergabezeit: 5 Minuten***

Schreiben Sie nun die memorierten Begriffe so auf, wie Sie sie gesehen haben. Achten Sie dabei nicht nur auf den Sinn, sondern auch auf den identischen Begriff! Ansonsten müssen Sie sich einen Punkt abziehen, zum Beispiel wenn Sie »Mofa« statt »Moped« geschrieben haben; andere in der Spalte korrekt positionierte Wörter würden jedoch immer noch zählen, allerdings wäre »Motorrad« eine allzu große Abweichung und somit falsch.

| | | | | |
|---|---|---|---|---|
| 1. | 6. | 11. | 16. | 21. |
| 2. | 7. | 12. | 17. | 22. |
| 3. | 8. | 13. | 18. | 23. |
| 4. | 9. | 14. | 19. | 24. |
| 5. | 10. | 15. | 20. | 25. |
| Punkte: ______ | Punkte: ______ | Punkte: ______ | Punkte: ______ | Punkte: ______ |

**Gesamtpunktzahl:** ______

## TEST 6

## Binärzahlen-Sprint

***Memorierzeit: 1 Minute***

All jene, die durch dieses Buch verstanden haben, wie wichtig es ist, den »Grips« zum Lernen einzusetzen, werden sich auf diese Aufgabe schon freuen – alle anderen könnten leicht an dieser Computer-Basissprache verzweifeln. Sie sollen nämlich in nur einer Minute so viele Binärziffern – also 0 und 1 –, die in willkürlicher Reihenfolge angeordnet sind, wie möglich lernen. Ein simples System für diese Aufgabe wurde im Buch beschrieben – oder Sie entwickeln vor dem Absolvieren dieses Tests Ihr eigenes (Transformations-)System. Auf jeden Fall sollten Sie diese abstrakten Binärzahlen für das Gehirn verdaulicher machen, dann nimmt es die Information auch willig auf!

**Bewertung:** Sie erhalten acht Zeilen von Binärzahlenreihen mit jeweils sechs Binärzahlen. Für jede korrekt memorierte Zeile erhalten Sie drei Punkte, bei nur einem Fehler oder einer Lücke pro Zeile können Sie sich noch eineinhalb Punkte geben. Bei zwei oder mehr Fehlern – auch einem Zahlendreher – gibt es keine Punkte für die Zeile (Maximalpunktzahl: 24).

START!

*1 Minute*

| | | | | | | |
|---|---|---|---|---|---|---|
| *1. Zeile:* | **0** | **1** | **1** | **0** | **1** | **1** |
| *2. Zeile:* | **1** | **0** | **0** | **1** | **0** | **1** |
| *3. Zeile:* | **1** | **0** | **1** | **0** | **0** | **1** |
| *4. Zeile:* | **0** | **0** | **1** | **1** | **1** | **0** |
| *5. Zeile:* | **1** | **1** | **1** | **1** | **1** | **0** |
| *6. Zeile:* | **0** | **1** | **1** | **1** | **0** | **1** |
| *7. Zeile:* | **1** | **0** | **1** | **1** | **1** | **0** |
| *8. Zeile:* | **0** | **0** | **1** | **0** | **0** | **1** |

## Binärzahlen-Sprint

***Wiedergabezeit: max. 2 Minuten***

Bitte tragen Sie die memorierten Binärzahlen aus dem Gedächtnis in die Kästchen ein, und geben Sie sich entsprechend der beschriebenen Bewertung Punkte. Am Ende summieren Sie die Punkte jeder Zeile.

| | | | | | | | Punkte: |
|---|---|---|---|---|---|---|---|
| *1. Zeile:* | | | | | | | ______ |
| *2. Zeile:* | | | | | | | ______ |
| *3. Zeile:* | | | | | | | ______ |
| *4. Zeile:* | | | | | | | ______ |
| *5. Zeile:* | | | | | | | ______ |
| *6. Zeile:* | | | | | | | ______ |
| *7. Zeile:* | | | | | | | ______ |
| *8. Zeile:* | | | | | | | ______ |

**Gesamtpunktzahl:** ______

## TEST 7

## Geschichts-Spektakel

***Memorierzeit: 5 Minuten***

Sie kennen diese Aufgabe – nicht nur aus dem Eingangstest, sondern auch aus der Schule oder von Ihrem Training für eine der vielen Wissens-Shows. Zu kurz beschriebenen Ereignissen sind die entsprechenden Jahreszahlen zu memorieren. Es gibt allerdings zwei Besonderheiten. Erstens handelt es sich bei diesen Ereignissen nicht nur um (recht unbekannte) geschichtliche Ereignisse, sondern auch um wissenschaftliche Entdeckungen und Erfindungen; und zweitens erhalten Sie Jahreszahlen aus der Zukunft. Ohne das im Buch beschriebene Master-System für Zahlen muss wohl anstrengend gebüffelt werden – mit dem Zahlensystem lernen Sie mit Fantasie und Kreativität. Und nur so sind wahre Meisterleistungen möglich!

**Bewertung:** Sie erhalten insgesamt 26 historische Ereignisse, bestehend aus einem kurzen Text und einer vierstelligen Jahreszahl. Nach der Memorierzeit von fünf Minuten sehen Sie eine Auflistung mit denselben kurzen Ereignisbeschreibungen, die allerdings diesmal anders angeordnet sind. In dem vorangestellten leeren Kasten tragen Sie dann bitte die dazu gelernte Jahreszahl ein. Für jede korrekt zugeordnete Jahreszahl erhalten Sie einen Punkt (Maximalpunktzahl: 26 Punkte).

**START!**

**5 Minuten**

| | |
|---|---|
| **1942** | Erster Kernreaktor |
| **2024** | Einführung der Internet-Schulpflicht |
| **1214** | Schlacht bei Bouvines |
| **1867** | Nobel erfindet das Dynamit |
| **1974** | Gründung der Deutschen Krebshilfe durch Mildred Scheel |
| **1687** | E. Weigel konstruiert einen Fahrstuhl |
| **2042** | Erster offizieller Kontakt mit Außerirdischen |
| **1634** | Wallenstein wurde ermordet |
| **1849** | W. Bauer baut ein Unterseeboot |
| **2021** | Erdkern-Kraftwerke lösen die Energieprobleme |
| **1789** | Entdeckung der Elektrizität (L. Galvani) |
| **1927** | Erste Frauen-Schachweltmeisterschaft |
| **1679** | Karl II.: Anerkennung der Habeas-Corpus-Akte |
| **1959** | Erfindung des Memory-Spiels |
| **1555** | Augsburger Religionsfriede |
| **2048** | Erste Intergalaktische Olympiade |
| **1809** | Ausgabe des ersten Brockhaus-Lexikons |
| **2039** | Erste erfolgreiche Gehirntransplantation |
| **1795** | Klaproth entdeckt das Element Titan |
| ***2067*** | Nobelpreis für Anti-Schwerkraft-Triebwerke |
| **1953** | Erstbesteigung des Mount Everest (Hillary) |

| | |
|---|---|
| **1824** | J. Aspdin erfindet den Portland-Zement |
| **1935** | Elvis Presley wurde geboren |
| **1676** | Hamburger Feuerkasse wird gegründet |
| **1848** | England: Erster Druck des Fußball-Regelwerks |
| **2018** | Erster Mentalathlet memoriert 1000 Ziffern in fünf Minuten |

## Geschichts-Spektakel

***Wiedergabezeit: 5 Minuten***

Tragen Sie nun bitte die vierstelligen Jahreszahlen, die Ihnen noch im Gedächtnis geblieben sind, ein. Um einen Punkt zu erhalten, muss die Jahreszahl allerdings hundertprozentig stimmen!

| | |
|---|---|
| | Erste erfolgreiche Gehirntransplantation |
| | J. Aspdin erfindet den Portland-Zement |
| | Klaproth entdeckt das Element Titan |
| | Karl II.: Anerkennung der Habeas-Corpus-Akte |
| | Erster Mentalathlet memoriert 1000 Ziffern in fünf Minuten |
| | Augsburger Religionsfriede |
| | Erfindung des Memory-Spiels |
| | Hamburger Feuerkasse wird gegründet |
| | Erstbesteigung des Mount Everest (Hillary) |
| | Erste Intergalaktische Olympiade |
| | Ausgabe des ersten Brockhaus-Lexikons |
| | Elvis Presley wurde geboren |

| | |
|---|---|
| | Erdkern-Kraftwerke lösen die Energieprobleme |
| | Erste Frauen-Schachweltmeisterschaft |
| | Nobelpreis für Anti-Schwerkraft-Triebwerke |
| | Entdeckung der Elektrizität (L. Galvani) |
| | Gründung der Deutschen Krebshilfe durch Mildred Scheel |
| | Einführung der Internet-Schulpflicht |
| | Schlacht bei Bouvines |
| | Wallenstein wurde ermordet |
| | Nobel erfindet das Dynamit |
| | Erster Kernreaktor |
| | Erster offizieller Kontakt mit Außerirdischen |
| | E. Weigel konstruiert einen Fahrstuhl |
| | W. Bauer baut ein Unterseeboot |
| | England: Erster Druck des Fußball-Regelwerks |

**Gesamtpunktzahl:** ____________

## TEST 8

### Wörterpärchen-Sprint

***Memorierzeit: 1 Minute***

Der nachfolgende einfache Test ist ein Standardtest der Psychologie, um die Gedächtnisleistungen von Menschen zu messen. Sie sehen nebeneinander stehende Pärchen von Hauptwörtern, wobei das linke Wort das Schlüsselwort ist und rechts das zu memorierende Memowort steht. Ein kleiner Tipp zum Lernen der Pärchen: Assoziieren Sie jeweils die beiden Begriffe gedanklich auf möglichst fantasievolle, logische oder humorvolle Weise – und stellen Sie sich dann das entstandene mentale Assoziationsbild vor dem inneren Auge so klar wie möglich vor. Drei Sekunden haben Sie im Durchschnitt pro Bild – jedem, dem dieses Buch nicht nur ein Lesebuch, sondern auch ein Trainingsbuch war, wird diese Zeitspanne reichen, um sich an fast alle Begriffe wieder zu erinnern.

**Bewertung:** Sie haben eine Minute Zeit, um sich die Pärchen einzuprägen. Danach sehen Sie in abgewandelter Reihenfolge eine Auflistung der linken Schlüsselwörter und müssen das korrekte Memowort zuordnen. Pro richtiger Zuordnung erhalten Sie einen Punkt, bei leichter sinnverwandter Abwandlung einen halben Punkt; also wenn Sie zum Beispiel »Messer« statt »Dolch« schreiben (Maximalpunktzahl: 20 Punkte).

START!

1 Minute

| Schlüsselwort | Memowort | Schlüsselwort | Memowort |
|---|---|---|---|
| Krebs | Computer | Kamel | Brot |
| Buch | Zange | Banane | Sprung |
| Wasser | Sack | Schloss | Mofa |
| Besen | Fackel | Seil | Kaugummi |
| Suppe | Tür | Uhr | Hammer |
| Pfeil | Sofa | Vase | Zirkel |
| Knochen | Stock | Kran | Kahn |
| Kaktus | Geld | Monitor | Säge |
| Spinne | Zeiger | Knopf | Brille |
| Zug | Ballon | Mond | Tanz |

## Wörterpärchen-Sprint

***Wiedergabezeit: 2 Minuten***

Decken Sie nun die oben stehenden Wörterpaare ab und tragen Sie das fehlende Wort zum Schlüsselwort ein.

| *Schlüsselwort* | *Memowort* | *Schlüsselwort* | *Memowort* |
|---|---|---|---|
| Uhr | | Spinne | |
| Kran | | Kaktus | |
| Knochen | | Mond | |
| Kamel | | Zug | |
| Monitor | | Besen | |
| Buch | | Pfeil | |
| Banane | | Suppe | |
| Seil | | Schloss | |
| Vase | | Krebs | |
| Knopf | | Wasser | |

**Gesamtpunktzahl:** ____________

## TEST 9

### Spielkarten-Nuss

***Memorierzeit: 5 Minuten***

Die nächste Aufgabe erscheint recht einfach, ist es aber ganz und gar nicht – denn einander ähnliche, abstrakte Informationen lassen sich nur schwer gemeinsam abspeichern. Spielkarten sehen zwar unterschiedlich aus, sind jedoch für unser Gedächtnis kaum sicher zu unterscheiden. Deshalb rate ich jedem, den einzelnen abzuspeichernden Karten beim Einprägen (oder schon vor dem Test allen 32 Karten) eine anschauliche Bedeutung zu geben – nur dann wird Unmögliches möglich.

**Bewertung:** Ihnen wird eine durchnummerierte Reihenfolge von 20 Spielkarten gezeigt, und zwar in Fünferreihen. Prägen Sie sich die exakte Abfolge möglichst vieler Karten ein, angefangen mit der Spielkarte an Position 1. Sie erhalten für jeden korrekt memorierten Fünferblock fünf Punkte. Liegt ein Fehler in einem solchen Block vor (Lücke oder falsche Karte), so geben Sie sich noch zweieinhalb Punkte. Zwei Fehler (auch ein Kartendreher!) führen jedoch bezüglich jedes einzelnen Blocks zu null Punkten. Sowohl die Farbe (Karo, Herz, Pik oder Kreuz) als auch der Wert (7, 8, 9 etc.) der Karten müssen korrekt wiedergegeben werden (Maximalpunktzahl: 20 Punkte).

**START!**

**5 Minuten**

1

2

3

4

5

6

7

8

9

10

11

12

13

14

15

16

17

18

19

20

## Spielkarten-Nuss

***Wiedergabezeit: 5 Minuten***

Tragen Sie die memorierten Spielkarten in die Kästchen ein und bewerten Sie Ihr Ergebnis so, wie eben beschrieben. Haben Sie zum Beispiel die ersten fünf Karten vollständig richtig, bei den Karten sechs bis zehn zwei Fehler und im dritten Fünferblock einen Fehler, so bekommen Sie 5 + 0 + 2,5 = 7,5 Punkte.

| | | | | |
|---|---|---|---|---|
| 1 = ______ | 2 = ______ | 3 = ______ | 4 = ______ | 5 = ______ |
| 6 = ______ | 7 = ______ | 8 = ______ | 9 = ______ | 10 = ______ |
| 11 = ______ | 12 = ______ | 13 = ______ | 14 = ______ | 15 = ______ |
| 16 = ______ | 17 = ______ | 18 = ______ | 19 = ______ | 20 = ______ |

**Gesamtpunktzahl:** ____________

## TEST 10

### Textwörter-Sprint

***Memorierzeit: 1 Minute***

In diesem letzten Test bekommen Sie einen kurzen Text, in dem zehn Stichwörter bzw. wichtige Informationen markiert sind. Sie haben nur eine Minute Zeit, um sich möglichst viele dieser markierten Textwörter einzuprägen, wobei bei dieser Aufgabe die Reihenfolge keine Rolle spielt. Mehrere Strategien sind bei dieser Aufgabe möglich: 1. Den Text konzentriert und schnell durchlesen unter Visualisierung der zu speichernden Fakten; 2. Assoziieren der Stichwörter miteinander unter Erstellung eines Mentalbildes; 3. Fantasievolle Verknüpfung der zu lernenden Fakten mit insgesamt zehn Routenpunkten. Überlegen Sie sich aufgrund Ihrer Trainingserfahrung, welche Strategie für Sie die geeignete ist.

**Bewertung:** Schreiben Sie nach der Memorierminute die von Ihnen behaltenen Begriffe auf. Für die vollständig korrekte Wiedergabe von jedem der zehn markierten Informationsbrocken erhalten Sie zwei Punkte. Ist Ihre Niederschrift nicht hundertprozentig korrekt, hat aber noch akzeptable Ähnlichkeit mit dem angestrichenen Textteil, so können Sie sich noch einen Punkt geben (Maximalpunktzahl: 20 Punkte).

START!

1 Minute

Das menschliche Gehirn übersteigt nach Ansicht vieler Wissenschaftler die **Leistungsfähigkeit** auch des modernsten **Computers** um ein Vielfaches – nicht bei allen Aufgabenstellungen, sondern bei jenen, wo Kreativität, Flexibilität und **intuitives Kombinieren** erforderlich sind; vor allem in den Bereichen, wo der **Mensch** als einziges Lebewesen tief eingedrungen ist, wie Sprache, **Humor** und Kunst. Selbst der Schimpanse – wie ähnlich er zu uns auch erscheinen mag – liegt deutlich hinter unseren geistigen Fähigkeiten. Dass sein Gehirn nur **9 Prozent** (bei uns sind es stattliche 20 Prozent) der gesamten umgesetzten **Energie** verbraucht, ist nur eine von vielen Erklärungen; eine weitere ist die deutlich höhere Anzahl von Gehirnzellen, die das menschliche Gehirn im Vergleich zum Schimpansen aufweist, welche sich in der **embryonalen Entwicklung** bilden. So wachsen ab etwa der 10. Woche der Schwangerschaft im Durchschnitt unvorstellbare **zweihundertfünfzigtausend** Gehirnzellen pro Minute. Doch im Gehirn isolierte Gehirnzellen (Neuronen) sind nutzlos, erst das Ausbilden eines immens verzweigten **Netzwerks** aus diesen – was hauptsächlich in den ersten vier Jahren unserer Kindheit geschieht – legt die Basis zur Bewältigung der schier unzähligen Aufgaben, die uns das Leben stellt.

## Textwörter-Sprint

***Wiedergabezeit: 2 Minuten***

Fügen Sie nun nach beliebiger Reihenfolge aus dem Gedächtnis alle markierten Textwörter ein, an die Sie sich noch erinnern können (grammatikalische Abwandlungen sind ebenfalls korrekt).

| | |
|---|---|
| ______________ | ______________ |
| ______________ | ______________ |
| ______________ | ______________ |
| ______________ | ______________ |
| ______________ | ______________ |

**Gesamtpunktzahl:** __________

## TESTENDE

Na, war es schwer? – Ich hoffe, nicht allzu sehr! Bitte gehen Sie zur nächsten Seite zum Abschnitt »Auswertung«, um Ihre Ergebnisse mit dem Eingangstest zu vergleichen und Ihren neuen GQ-Wert zu bestimmen.

## Auswertung zum GQ-Test

Tragen Sie in die nachstehende Tabelle Ihre Ergebnisse aus dem Eingangstest (Vortest) und dem Abschlusstest (Nachtest) ein. Wenn Sie Ihre in den jeweils zehn Disziplinen erhaltenen Punkte addieren, entspricht die Summe Ihrem GQ.

| *Test* | *Memorier-zeit* | *Vortest* | *Nachtest* | *Punkte maximal* |
|---|---|---|---|---|
| **1** Telefonnummer-Geister | 5 Minuten | | | 24 |
| **2** Bilder-Sprint | 1 Minute | | | 25 |
| **3** Vokabel-Challenge | 5 Minuten | | | 26 |
| **4** Personen-Sprint | 1 Minute | | | 20 |
| **5** Termin-Cocktail | 5 Minuten | | | 25 |
| **6** Binärzahlen-Sprint | 1 Minute | | | 24 |
| **7** Geschichts-Spektakel | 5 Minuten | | | 26 |
| **8** Wörterpärchen-Sprint | 1 Minute | | | 20 |
| **9** Spielkarten-Nuss | 5 Minuten | | | 20 |
| **10** Textwörter-Sprint | 1 Minute | | | 20 |
| **Ihre Gesamtpunktzahl ≙ GQ:** | | | | 230 |

## GQ-Häufigkeitskurve: Wie viele Menschen haben einen so hohen GQ wie Sie?

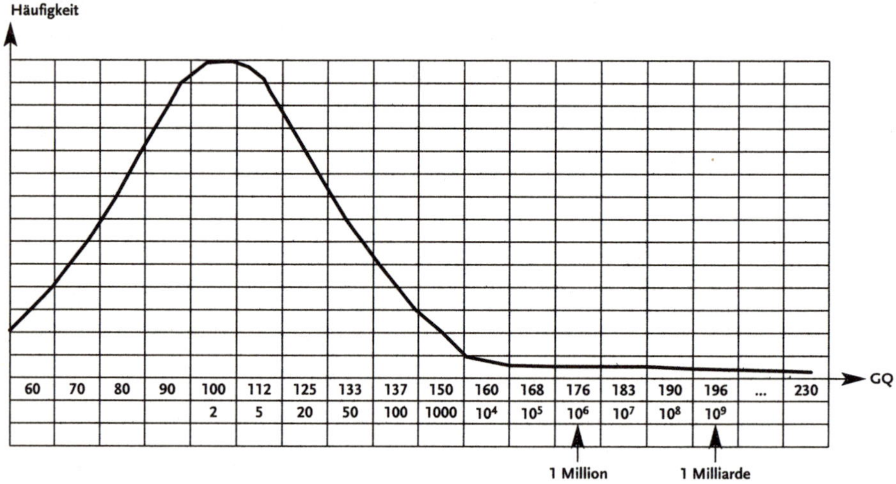


*Erläuterung:* Die Zahlen von 60 bis 230 geben den GQ an, wobei ein GQ von 100 den Durchschnittswert darstellt. Die darunter stehende Zeile mit den Werten von 2 bis $10^9$ gibt an, von wie vielen Menschen nur einer den darüber stehenden GQ hat; so hat nur ein Mensch von etwa 10 000 Menschen ($10^4$) einen GQ von 160 (in Anlehnung an eine entsprechende Kurve für den IQ; übrigens hat eine Frau – Marilyn vos Savant – den höchsten jemals gemessenen IQ mit einem Wert von 228 nach der so genannten Catell-Skala).

## Sie sehen, es funktioniert!

Wenn Sie beide Tests gewissenhaft durchgeführt und zwischenzeitlich das Buch intensiv genutzt haben, sollten Sie bei dem Nachtest einen GQ-Wert von über 140 erzielt haben. Dies ist ein Bereich, den die Wissenschaftler als »extrem hochbegabt« bzw. »genial« bezeichnen. Sie können also mit Recht stolz auf Ihr Ergebnis sein. Wer einen Wert von über 180 erreicht hat, kann sich zu den Allerbesten – auch weltweit – zählen. Übrigens können Sie mir gerne von Ihren hervorragenden Ergebnissen und GQ-Steigerungen berichten; und wenn Sie Kommentare zum Test oder Interesse an der Teilnahme bei Gedächtnismeisterschaften haben, würde ich mich auch über eine Nachricht freuen. Aber ruhen Sie sich nicht auf Ihren Lorbeeren aus, sondern üben Sie weiter, und setzen Sie die beschriebenen Techniken so oft wie möglich im Alltag und Beruf ein – Sie werden sich auf diese Weise immer weiter steigern und für Ihr phänomenales Gedächtnis in Ihrem Job Anerkennung und in Ihrem Bekanntenkreis Bewunderung erfahren.

Übrigens schafft der Gedächtnis-Weltmeister in diesem Gedächtnistest 228 Punkte – ein zu hohes Ziel für Sie? Ich denke nicht, denn ich glaube fest an die Lebensweisheit: *»Nur beständiges Üben trennt das Gewöhnliche vom Außergewöhnlichen.«*

In diesem Sinn viel Erfolg bei Ihrer weiteren mentalen Entwicklung!

# Und nicht zu vergessen!

## Wenn Sie noch mehr wissen wollen

### *Gedächtniskurse*

Dr. Gunther Karsten gibt mit seiner Trainingsfirma MEMOVISION Gedächtnis- und Kreativitätskurse; Mentaltrainingsseminare sowie Schnell-Lese-Kurse für Firmen oder Privatleute. Daneben bietet er auch Lernkurse für Kinder an (siehe auch Hochbegabtenförderung e.V.). Bei mehreren Hotels und Touristikbüros kann man im Ausland Urlaubsseminare (nach der von ihm entwickelten Fun-Power-Memo-Methode) mit ihm buchen. Nähere Information erhalten Sie unter www.memovision.de.

Aber auch Ihre Meinung, Anregungen und Kommentare zum Buch würden ihn freuen.

### *Hilfreiche Adressen*

- Hochbegabtenförderung e.V.
  Jutta Billhardt, Am Pappelbusch 45, 44803 Bochum
  www.hbf-ev.de
- Think-Theatre
  Shows, Workshops, Business Entertainment
  Bernhard Wolff GmbH
  Averhoffstr. 4, 22085 Hamburg
  www.think-theatre.de

- Mensa e.V. (Vereinigung Hochintelligenter)
  c/o Cirsten Novellino
  St. Georg Str. 11, 86926 Pflaumdorf
  www.mensa.de
- HJP-Multimedia GmbH
  (»Der interaktive Gedächtnistrainer«)
  CD-ROM mit Aufgaben, Infos und Tests rund ums Gedächtnis
  Tel.: 0 77 23 / 91 20 21
  eMail: gtrain@hjp-multimedia.de
- MemoryXL
  Europäische Gesellschaft zur Förderung des Gedächtnisses
  Am Pferchelhang 28, 69118 Heidelberg
  www.memoryxl.de

## *Informationen zu Gedächtnismeisterschaften*

Seit 1991 wird die Gedächtnis-Weltmeisterschaft jedes Jahr in London veranstaltet. Federführend ist die IFMS (International Federation of Memory Sport). Die weltbesten Gedächtnissportler treffen hier zusammen und messen sich in einem zwei bis drei Tage dauernden Wettbewerb mit zehn Disziplinen (die den Aufgaben im GQ-Test recht ähnlich sind). Seitdem wurden fast jedes Jahr neue Weltrekorde aufgestellt, auch durch die Beteiligung von immer mehr Menschen und Ländern an diesem neuen Mentalsport. So findet zum Beispiel in Deutschland seit 1997 die Deutsche Gedächtnismeisterschaft jedes Jahr (meistens im Juni) statt. Dabei qualifizieren sich die drei Besten offiziell für die Gedächtnis-Weltmeisterschaften. Die aktuellen deutschen Gedächtnisrekorde und Weltrekorde sowie die Gedächtnis-Weltrangliste sind im Internet unter www.memovision.de zu finden. Nachdem mittlerweile in vielen Ländern auf mehreren Kontinenten nationale Gedächtnismeisterschaften veranstaltet werden, ist eine Vision die Einführung des Gedächtnissports bei den Olympischen Sommerspielen 2020.

Bisher war für die Teilnahme an der Deutschen Gedächtnismeisterschaft die Erfüllung von Qualifikationsnormen erforderlich: fehlerfreies Memorieren von 20 Ziffern in fünf Minuten, 20 Wörtern in fünf Minuten und zehn Spielkarten in fünf Minuten. Und in Zukunft soll es auch regionale Vorausscheidungen geben, für die Sie sich mit einem GQ-Wert von über 130 für eine Teilnahme qualifizieren könnten (mit einem GQ-Wert von 160 bis 180 haben Sie vermutlich beste Chancen auf eine Medaille bei Bundeslandausscheidungen).

Seit 1998 gibt es in Deutschland auch Junioren-Gedächtnismeisterschaften (für Sieben- bis 17-Jährige) und seit 2001 bestreitet die Junioren-Gedächtnisnationalmannschaft Länderkämpfe.

## *Nähere Informationen für:*

**Deutschland**

- MemoVision – Memory, Mind and Mental Skills
  Dr. Gunther Karsten, Haimhauserstr. 2, 80802 München,
  Tel.: 089 / 34 02 99 46
  www.memovision.de
- GGK – Gesellschaft für Gedächtnis- und Kreativitätsförderung
  Klaus Kolb, Brunnenweg 4, 88260 Argenbühl
  www.ggk.de
- Steffen Bütow, Krummer Kamp 15, 31275 Lehrte-Arpke
  www.gedaechtnissport.de

**Österreich**

- PSK Mindgames, Hubert Krenn, Hauptstr. 64, 1040 Wien
  www.mindgames.at

**England**

- Buzan Centres Ltd. (und IFMS für die Durchführung
  der Gedächtnis-Weltmeisterschaft)
  Tony Buzan, 54 Parkstone Road, Poole, Dorset.
  BH15 2PG, UK
  www.buzancentres.com

**USA**

- Tony Dottino
  (Organisator der amerikanischen Gedächtnismeisterschaft)
  www.usamemoriad.com

# Register

*H*



*I*



*J*



*K*



*L*

## M



## N



## P



## Q

## Z

**Dr. Gunther Karsten**, 41, ist fünffacher Deutscher Gedächtnismeister und Vizeweltmeister; außerdem hält er zahlreiche Gedächtnis-Weltrekorde. Vor einem Millionenpublikum hat er sein fantastisches Gedächtnis unter Beweis gestellt – so gelang es ihm, in nur 30 Minuten eine Binärzahl (011010 ...) mit 2889 Stellen zu memorieren. Seine enormen mentalen Fähigkeiten beruhen auf Techniken, die er selber vor Jahren gelernt und stetig weiterentwickelt hat. In diesem Buch gibt er sie zum ersten Mal in ihrer Gesamtheit preis. Dass mit diesen Techniken auch andere Menschen ihre Gedächtnisleistung unglaublich steigern können, bewies er als Trainer. Aus seinen Trainingskursen stammen die Frauengedächtnis-Weltmeisterin von 2000 und 2001, Junioren-Gedächtnisweltmeister und Deutsche Junioren-Gedächtnismeister sowie zahlreiche Guinness-Weltrekordhalter im Gedächtnissport.

**Martin Kunz**, 41, ist beim Nachrichtenmagazin *Focus* Leiter des Ressorts Forschung und Technik, außerdem Autor mehrerer Wissenschaftsbücher und TV-Sendungen. Er lernte Gunther Karsten bei einer Recherche für eine IQ-Titelstory kennen. Dabei fiel der Entschluss, zusammen ein spannendes und nützliches Buch über die Geheimnisse der Memo-Technik zu schreiben.

*Notizen*

*Notizen*